U0868443

“一带一路”沿线国法律精要

欧盟　东盟卷

王贵国　李鎏麟　梁美芬　主编

ZHEJIANG UNIVERSITY PRESS
浙江大学出版社

图书在版编目（CIP）数据

“一带一路”沿线国法律精要：欧盟、东盟卷 / 王贵国，李鋈麟，梁美芬主编. —杭州：浙江大学出版社，2019.7

ISBN 978-7-308-18069-6

Ⅰ.①一… Ⅱ.①王… ②李… ③梁… Ⅲ.①欧洲联盟—法律—研究 ②东南亚国家联盟—法律—研究 Ⅳ.①D910.4

中国版本图书馆 CIP 数据核字(2018)第 054744 号

“一带一路”沿线国法律精要：欧盟、东盟卷

王贵国　李鋈麟　梁美芬　主编

出 品 人　鲁东明
总 编 辑　袁亚春
丛书策划　张　琛　陈佩钰
责任编辑　钱济平　陈佩钰
责任校对　吴水燕
封面设计　项梦怡
出版发行　浙江大学出版社
（杭州市天目山路 148 号　邮政编码 310007）
（网址：http://www.zjupress.com）
排　　版　杭州中大图文设计有限公司
印　　刷　虎彩印艺股份有限公司
开　　本　710mm×1000mm　1/16
印　　张　10
字　　数　185 千
版 印 次　2019 年 7 月第 1 版　2019 年 7 月第 1 次印刷
书　　号　ISBN 978-7-308-18069-6
定　　价　88.00 元

版权所有　翻印必究　　印装差错　负责调换
浙江大学出版社市场运营中心联系方式：0571－88925591；http://zjdxcbs.tmall.com

顾　问

（按中文姓氏笔画排序）

万鄂湘

全国人民代表大会常务委员会副委员长

国家高端智库武汉大学国际法研究所首席专家、名誉所长

王利明

中国人民大学常务副校长、博士生导师

“长江学者”特聘教授、“新世纪百千万人才工程”国家级人选

王振民

清华大学法学院教授、博士生导师

清华大学国家治理研究院院长

甘藏春

中国法学会副会长

司法部党组前成员

吕忠梅

中国法学会副会长

清华大学法学院双聘教授、博士生导师

任少波

浙江大学党委书记

沈德咏

第十九届中央委员、第十三届全国政协社会和法制委员会主任

中国政法大学特聘讲座教授、博士生导师

张文显

中国法学会党组成员、学术委员会主任

浙江大学、吉林大学资深教授

周谷平

浙江大学发展委员会副主席

浙江大学区域协调发展研究中心执行主任兼首席专家、中国西部发展研究院院长

贺一诚

澳门特别行政区立法会主席

全国人大第九、十、十一、十二及十三届代表、常务委员会委员

陶凯元

中国最高人民法院副院长、二级大法官

民进中央副主席

主　编

王贵国

浙江大学文科资深教授、国际战略与法律研究院院长
“一带一路”国际研究院院长（香港）

耶鲁大学法哲学博士，哥伦比亚大学法学硕士，比较法国际（海牙）科学院名誉院士、香港世界贸易组织研究中心主席、中国国际经济法学会副会长、中国国际经济贸易仲裁委员会仲裁员、香港国际仲裁中心仲裁员。先后任教于北京大学法学院、香港城市大学法学院和浙江大学光华法学院。在《中国法学》、*American Journal of International Law* 等国际和国内期刊发表论文百余篇。出版专著 20 余部，包括《世界贸易组织法》、《国际货币金融法》、《国际投资法》、《“一带一路”争端解决机制》（合编）、《“一带一路”的国际法律视野》（合编）、*Radiating Impact of WTO on Its Members' Legal System：The Chinese Perspective in Collected Courses of the Hague Academy of International Law*、*International Investment Law：A Chinese Perspective*、*Wang's Business Law of China* 等。

李鎏麟

“一带一路”国际研究院副院长（香港）

2009 年担任香港历史悠久、规模最大的慈善团体东华三院总理，2013—2019 年先后担任东华三院副主席、主席、顾问。2011 年起任香港特区政府医疗辅助队长官联会副主席、中国人民政治协商会议北京市委员会委员、北京海外联谊会理事会理事、香港善导会副赞助人兼筹款委员会主席等。2012 年被香港特区政府委任为太平绅士（JP），2018 年获香港特区政府授勋铜紫荆星章（BBS）。代表作有《“一带一路”争端解决机制》（合编）、《“一带一路”的国际法律视野》（合编）等。

梁美芬

香港城市大学法学院副教授

“一带一路”国际研究院副院长(香港)

中国人民大学法学博士、法学硕士，全国人民代表大会常务委员会香港基本法委员会委员、香港立法会议员、香港立法会司法和法律委员会主席、国际经济贸易仲裁委员会仲裁员、香港执业大律师。2000年当选“香港十大杰出青年”。2008年起连续三届当选香港立法会议员。代表作有China Law Reports (series)、*The Hong Kong Basic Law: Hybrid of Chinese Law and Common Law*、《法制改革》(编撰)、《“一带一路”争端解决机制》(合编)、《香港“基本法”的起草、理论与实践》(合编)、《“一带一路”的国际法律视野》(合编)等。

副主编

王　超

浙江大学国际战略与法律研究院副院长

浙江大学百人计划研究员、博士生导师

法学博士，浙江大学光华法学院副教授，博士生导师。耶鲁大学法学院访问学者。主要研究方向为国际法、国际经济法、国际争端解决等。近年主持国家社会科学基金、司法部、浙江省等国家和省部级课题若干项，在《法学》、《社会科学》、*Asia Pacific Law Review*、*Journal of East Asia and International Law* 等国内外刊物上发表中英文学术论文20余篇。兼任国际期刊 *Journal of International and Comparative Law* 编辑部主任及多个SSCI期刊审稿人。

程　乐

浙江大学外国语言文化与国际交流学院副院长、教授

浙江大学光华法学院双聘教授

哲学博士，浙江大学跨文化与区域研究所所长、当代中国话语研究中心主任、法律话语与翻译中心主任、网络空间国际治理研究基地副主任。主要研究方向为法学、法律话语与法律翻译、语言法律与规划、符号学。*International Journal of Legal Discourse*（ESCI）主编、*Semiotica*（SSCI/A&HCI）、*Social Semiotics*（SSCI）编委等。近年来在SSCI、A&HCI等国际权威期刊发表论文40余篇，在Routledge、De Gruyter、Springer、Cambridge University Press、浙江大学出版社等出版专著及译著40余部。

董雪兵

浙江大学中国西部发展研究院常务副院长

浙江大学区域协调发展研究中心副主任

经济学博士，法学硕士，工学学士，教授，博士生导师，曾在国家发展改革委挂职一年，美国芝加哥大学访问学者。主要研究方向为区域经济学、发展经

济学与法律经济学。在《经济研究》、*The Social Science Journal* 等国内外期刊上发表学术论文30余篇；获多项省部级奖励；独著或参编著作、译著等近10部；主持或参与服务国家重大战略需求与决策的研究项目、国家社科基金重大和重点项目、教育部基地重大项目以及省社科基金项目等30余项。

“一带一路”国际研究院简介

“一带一路”国际研究院（以下简称研究院）成立于2016年1月，是香港首个有关“一带一路”倡议的研究机构，目的在于搭建一个国际性的学术与专业交流平台。研究院通过邀请“一带一路”沿线国法律、经济、金融、投资、政治、国际关系等领域的知名专家，就“一带一路”执行过程中可能涉及的问题进行研究、分析并提供意见和建议。研究院举办了四届国际论坛，编纂出版了涵盖33个国家和国际组织的《“一带一路”沿线国法律精要》《“一带一路”的国际法律视野》《“一带一路”与青年机遇》和《“一带一路”争端解决机制》（蓝皮书）等。

研究院组织国际专家起草的《“一带一路”争端解决机制》获国际社会的广泛认可，得到国家领导人的肯定性批示。基于研究院在“一带一路”争端解决机制方面的贡献和特长，其获邀代表香港作为中国国际经济贸易促进委员会发起的国际商事争议预防与解决组织的发起人。

研究院注重与国际社会和中国内地的广泛合作，先后与浙江大学国际战略与法律研究院、清华大学国家治理研究院等合办“一带一路”国际青年论坛，来自于数十个国家的青年先后两次积极参与。研究院还先后与最高人民法院“一带一路”研究中心、清华大学国家治理研究院、中国法学会学术交流中心等签订了合作协议。

研究院由浙江大学文科资深教授和美国杜兰大学 Eason-Weinmann 国际法与比较法讲座教授王贵国担任院长，李鋈麟博士及梁美芬博士担任副院长。研究院的国际顾问委员会由来自世界各地的26位专家学者组成。研究院另聘请42位国际专家为研究员和7位国际专家为副研究员。研究院以研究“一带一路”的相关议题和培养人才为己任，努力发挥香港国际金融中心、运输中心和争端解决中心的优势，力争为“一带一路”的实施、全球经济发展与世界和平做出贡献。

浙江大学区域协调发展研究中心

浙江大学区域协调发展研究中心是国家高端智库建设培育单位和浙江省新型重点专业智库，主要依托中国西部发展研究院（以下简称西部院）并整合校内相关研究力量成立。西部院成立于 2006 年 10 月，由国家发展改革委与浙江大学共建，时任浙江省委书记习近平同志为西部院揭牌、奠基并作重要讲话。

经过十多年建设，中心凝练了“一核心两联动”“三大研究方向”“两大支撑平台”有机组合、开放交叉的研究格局。坚持以西部大开发研究为核心，通过浙江经验和长三角一体化提升促进东西互动，通过沿边开发开放联通“一带一路”沿线国家促进内外联动；围绕区域协调发展重大理论和实践问题，依托浙江大学多学科综合优势，以区域经济合作、社会民生改善、生态文明建设为三大研究方向，人才培养和数据资源库为两大支撑平台，形成以“经济”为主体、“法律”和“文化”为两翼的开放融通研究体系。

中心全力打造党和政府决策信得过、用得上的高端智库，先后参与一系列党中央、国务院重要文件的起草，一批咨询报告获党和国家领导人重要批示，承担 20 多项由国务院印发或批复的战略规划研究与编制，以及国家社科基金“一带一路”建设重大研究专项等一批重要课题，举办了二十国集团智库会议（T20）、国际展望大会（杭州 · 2018）等重要活动。

浙江大学国际战略与法律研究院简介

浙江大学国际战略与法律研究院成立于2017年11月，是浙江大学重点建设的校级科研单位和新型高校智库，聘请著名国际法学家、浙江大学文科资深教授王贵国担任创院院长。王超博士担任副院长。研究院座落于景色天成的百年老校园——浙江大学之江校区，以历史建筑白房作为永久驻地。

研究院依托浙大学科门类齐全、师资队伍精良且具有良好国际视野的优势，开展对当代国际政治、经济、外交、法律、科技等重大问题的跨学科交叉研究，当前研究重点包括“一带一路”、全球治理、网络安全等领域的国际战略与法律问题。研究院的目标是以一流科研成果服务国家战略、政府决策和经济与社会发展，同时以科研促教学，培养跨学科、复合型、具国际视野的一流专业人才和未来领导者。

自成立以来，研究院承担了国家社会科学基金重大项目、国家高端智库重点委托项目等一批重要课题的研究工作，推出了《“一带一路”争端解决机制》《“一带一路”沿线国法律精要》等研究成果，打造了“一带一路”国际青年论坛、纽黑文法理学派与国际法系列国际学术会议、国际战略与法律大讲堂等学术品牌活动，并与中国国际经济贸易促进委员会、国家法官学院、“一带一路”国际研究院（香港）等机构建立了良好的战略合作伙伴关系。

代 序

自2013年国家主席习近平正式提出“一带一路”倡议以来，该倡议得到国际上的广泛支持。“一带一路”的“一带”最初是指涵盖古丝绸之路沿线国的经济合作带，从中国到中亚，再到西欧。“一路”指21世纪海上丝绸之路，即以中国为出发点，经东南亚各国到印度、斯里兰卡、也门、埃及、希腊、意大利等沿线国家之间的经济合作。不难看出，“一带一路”倡议提出之初的主要目的是推动中国与欧亚、北非国家间的合作。

经国务院授权，国家发展和改革委员会、外交部和商务部于2015年3月发布了《推动共建丝绸之路经济带和21世纪海上丝绸之路的愿景与行动》，对“一带一路”倡议的发展方向和内容进行了宏观的阐述，然而文件并未明晰“一带一路”倡议到底包括哪些国家。随着“一带一路”倡议的不断推进，一些非洲和南美洲的国家提出希望加入此跨世纪的合作项目，中国政府其后明确表示“一带一路”倡议具有广泛的开放性，任何国家均可加入。到目前为止，与“一带一路”倡议相关的项目仍主要集中在前述沿线国。无论“一带一路”是限于初始的沿线国家还是向所有国家开放，相关国家的文化、历史、传统、宗教、政治和法律制度不尽相同是不争的事实。

从经贸合作的角度言，“一带一路”倡议的实施必然涉及人员、商品、服务、资本、技术等跨境流动，而这些活动、交易和交往都关乎沿线国家的法律和标准之适用。古人云：“入竟（境）而问禁，入国而问俗，入门而问讳。”（《礼记·曲礼上》）故此，明晰沿线国家的法律制度、规范、惯例和习惯等对于成功实施“一带一路"倡议至关重要。而这正是编纂本丛书——"'一带一路'沿线国法律精要"的目的。

出版本丛书的设想源于"一带一路"国际研究院于 2016 年在香港举办的一次研讨会。与会者均认为,对"一带一路"沿线国家的法律制度、法律规范、传统,特别是与贸易、投资、金融、劳工、环境等相关的法律研究对成功推进"一带一路"倡议必不可少。只有切实了解沿线国家在法律制度、法律条文、法律的执行和不执行等方面之异同,才能顺利进行跨境贸易、投资、金融等商事活动。也只有在此基础上,相关国家才能共同制定一个法律架构,规范政府、企业和个人间的交易与交往。

基于前述,在筹备编辑本丛书之初,我们便确定了以国家为单位自成篇章,每一篇均涵盖与跨境商业活动、交易有关的法律制度、法律规范等方面的内国法,包括海关法、外贸法、外国投资法、货币与银行法、基础设施和建筑相关法律、劳工法、环境法,以及争端解决机制等。在写作方面,丛书的作者不仅关注法律法规的书面规定,而且更注重相关法律法规的实际执行情况,包括不执行的个案。遇有某项法律法规未获有效执行的情形,作者会从国内外的政治、经济、社会等维度分析其成因。

当今高度全球化世界的一个显著标志是多边和双边条约并存。这些多边和双边条约从国际层面规范了贸易、投资、金融等方面的交易与交往,同时亦直接影响到相关国家的内国法,包括立法和执法。基于此,对欧盟和东盟的研究被纳入本套丛书,目的在于了解这两个国际组织本身的制度及其成员间在法律及执行等方面的内在关联。我们希望通过对欧盟和东盟合作模式的研究,使"一带一路"倡议之实施受益。

如前所述,在"一带一路"倡议提出之初,美国和日本并不在沿线国之列。鉴于美日两国在国际经济中的重要地位及"一带一路"倡议的特质,我们亦将之纳入了本套丛书。幸运的是,中国政府其后也表明"一带一路"倡议对所有国家和地区开放。

对作者提交的文稿之编辑,我们坚持的原则是尽量保持作者的写作风格和专业判断。易言之,我们的编辑主要限于语言文字和格式等方面。在英文版出版之后，本丛书又以中文版的形式展现在世人面前。

我们相信，通过对沿线国家商事交易与交往的法律制度、规则及其执行之研析，《"一带一路"沿线国法律精要》将对"一带一路"倡议之推进与实施做出积极贡献。在此，我们向本套丛书的作者，参与本套丛书编辑、翻译的专家学者深表谢忱和敬意！

本套丛书的中文版翻译和编辑得到浙江大学国际战略与法律研究院、浙江大学区域协调发展研究中心、浙江大学中国西部发展研究院的大力支持。浙江大学出版社诸位同仁亦为出版此套丛书忘我工作、兢兢业业。在此我们向浙江大学的各位同仁表示衷心感谢！

香港旭日集团有限公司副董事长、香港制衣业总商会会长杨勋先生自本项目规划时起便鼎力支持，对杨勋先生的信任和支持我们深表谢意！

王贵国　李鋈麟　梁美芬
2018年3月18日

目　录

欧　盟

东　盟

欧盟

Michael Hahn
Jonas Baumann
Brigitta Imeli
Rachel Liechti-McKee
Andrea Schläpfer

作者介绍

Michael Hahn，瑞士伯尔尼大学欧洲与国际经济法研究所（IEW）所长、世界贸易学院（WTI）院长。在加入伯尔尼大学之前，他是瑞士洛桑大学和怀卡托大学法学院的全职教授、德国高级讲师，亦是马克斯·普朗克比较公法与国际法研究所的成员。分别于海德堡大学获得博士学位和密歇根大学安娜堡分校法学院获得硕士学位。他还为Sovereign公司和其他私人客户就欧盟和国际经济法问题提供咨询。Jonas Baumann，Brigitta Imeli，Rachel Liechti-McKee和Andrea Schläpfer是欧洲与国际经济法研究所研究员。

概　述

目前，欧盟拥有 28 个成员国，是中国最大的贸易伙伴之一。在法律上，它是一个以《欧洲联盟条约》(TEU)和《欧洲联盟运行条约》(TFEU)为法律基础(《欧洲联盟基础条约》)①而建立的区域性国际组织，根据欧洲法院的解释，《欧洲联盟基础条约》构成其宪法章程。②

成员国将其原有的一些权能赋予该组织，但这些权能的范围有所不同：条约确立了"专属权能"(《欧洲联盟运行条约》第 3 条)、"共享权能"(《欧洲联盟运行条约》第 4 条)、"采取行动支持、协调或补充成员国行为"的权能(《欧洲联盟运行条约》第 2 条第 5 款)和其他形式的权能，其中包括"定义和实施包含逐步构建共同防务政策的共同外交和安全政策"(《欧洲联盟运行条约》第 2 条第 4 款)的权能。最重要的权能规定在"专属权能"和"共享权能"中，本章将重点介绍。请注意，授权或成员国地位在法律上并不是永久的。2016 年 6 月 23 日英国举行脱离欧盟的公投和 2017 年 3 月英国首相特雷莎·梅(Theresa May)宣布启动脱欧程序，显示了欧盟与联邦国家的根本区别，如因意图脱离联邦而导致内战的美国。但是，与许多其他国际协议不同，成员国可选择终止欧盟条约(《欧洲联盟条约》第 50 条)。

---

① 《欧洲联盟条约》和《欧洲联盟运行条约》的汇编版本，公布在 The Official Journal of the European Union C83，30. 3. 2010。关于欧盟法令的精辟概述，参见 Paul Craig and Gráinne de Búrca，EU Law：Text，Cases and Materials. 5th ed. Oxford：Oxford University Press，2011。

② 1986 年 4 月 23 日法院判决书，"Les Verts" v. European Parliament，Case 294/83，European Court Reports 1986，第 1339 页，第 23 段："必须首先强调，欧洲经济共同体(联盟的前身)是一个以法治为基础的共同体，其成员国和其他机构均不能避免审查它们采取的措施是否与基本宪法章程(即条约)相一致的问题。"

一、欧盟权能

“专属权能”定义了与欧盟法律不相符的任何相关的成员国活动。《欧洲联盟运行条约》第2条第1款规定,当条约赋予联盟在某一特定领域享有专属权能,那么只有联盟可以在此领域立法或通过具有法律约束力的法令。然而,成员国仍可在获得联盟授权或为实施联盟法令的情况下,在该领域立法或通过具有法律约束力的法令。根据《欧洲联盟运行条约》第3条第1款规定,“专属权能”包括如下领域的立法权:关税联盟,以及建立运作内部市场所必要的竞争规则;其货币为欧元的成员国之间的货币政策;共同渔业政策下海洋生物资源的保护;其他共同商业政策。欧盟专属权能是特例而非常规。

若创始条约赋予欧盟“共享权能”,欧盟和成员国可根据《欧洲联盟运行条约》第2条第2款在权能领域内立法,或通过具有法律约束力的法令。但是,一旦欧盟立法机关(其中包括聚集了成员国部长的欧盟理事会和欧洲议会)决定立法,“共享”权实际上从一开始就变成了“欧盟独有”。在这种情况下,成员国只有在联盟没有行使其权能(“优先原则”)的情况下,才能行使其权力(作为主权国家,而不是理事会成员国)。

若欧盟放弃对某一具体领域的管理,欧盟的“共享权能”允许成员国再次行使其相关权能。成员国在“共享权能”内立法的对内优先原则导致了欧盟的对外专属权能,甚至可以共享对内权能。根据《欧洲联盟运行条约》第3条第2款,“当欧盟的立法法令中规定了缔结国际协议,或缔结国际协议对欧盟行使其对内权能是必要的,或缔结国际协议可能会影响共同政策或其范围的改变时,欧盟对缔结国际协议也具有专属权能”。本条款是对欧洲法院(ECJ)《欧洲公路运输协定》(ERTA)管辖权的整合和明示①。“共享权能”适用的最重要领域包含如下:欧盟内部市场,社会政策,经济、社会和领土聚合,农业及除海洋生物资源保护以外的渔业,环境,消费者保护,运输,泛欧网络,能源,自由、安全和公正领域,公共卫生方面的共同安全问题。②

---

① Case 22－70, Commission of the European Communities v. Council of the European Communities (European Agreement on Road Transport), [1971] ECR 263。

② 参见《欧洲联盟运行条约》第4条及以下。

二、优先性和直接效力

联盟法律优先于成员国的法律[①]，可能会直接影响到所有成员国的公民(和企业)在国内法庭中援引欧盟法律[②]；在国内法与直接适用的欧盟法律不相符的情况下，成员国法院不会适用国内法。[③] 由于这些特征，欧盟及其治理有时被称为准联邦。

欧盟立法职能由两个部门行使：直接选举产生的欧洲议会和由各成员国政府代表组成的欧盟理事会，两者地位平等。虽然所有成员国地位平等，但"加权表决制"规则确保大国不能操控小国，反之亦然。[④] 因此，欧盟只有在其成员国认为适当和政治上有利的情况下才能适用其权能。[⑤]

欧盟的秘书处被称为欧盟委员会，其前身机构是欧洲煤钢共同体的"高级权力机关"，这明确显示欧盟委员会的权力远远超过权力有限的普通国际组织秘书处。在许多方面，委员会是欧盟的执行机构，享有联邦国家中联邦政府的权能，对内对外代表欧盟。它不仅享有提议立法的准垄断权，而且有权连同欧洲议会一起监督成员国是否遵守他们自己(经理事会)通过的条约规则和二级法律。

由于赋予了理事会、议会和委员会重要的权能，这三个机构不断互动协作。"立法三角"这个术语经常被用来形容这些三位一体的强大机构。通过非正式的机构间协商来达成各自立场的和解，又称"三方会谈"。

与美国一样，欧洲法院可以事后审查所有欧盟法令的合法性。在法令超越了《欧洲联盟运行条约》的"宪法规定"时，欧洲法院可根据《欧洲联盟运行条约》第 264 条第 1 款宣布该法令无效。例如，如果欧盟立法者协调成员国在某一领域的立法，而赋予权能的规定明确排除了在此领域进行协调的权力，欧洲

---

① C-6/64，Flaminio Costa v. E. N. E. L.，[1964] ECR 585。

② C-26/62，Van Gend en Loos v. Nederlandse Administratie der Belastingen，[1963] ECR 1。

③ 参见《欧洲联盟运行条约》第 267 条。

④ 详见 http://www.consilium.europa.eu/en/council-eu/voting-system/voting-calculator/(访问于 2017 年 8 月 17 日)；请注意，四"大国"(德国、法国、英国和意大利)有 28 票加权票，尽管在人口和经济实力方面存在显著差异：例如，德国人口超过 8000 万，占欧盟 GDP 的约 25%，但是其他各国家人口平均约为 1500 多万，人口少，且其经济体和经济相关性明显过小。

⑤ 虽然理事会可以根据特定多数表决作出指令，但其在未达成协商一致的情况下作出决定的情况实际上是很罕见的。

法院将宣布立法无效。① 因此,欧洲法院不仅仅是一个专门的争端解决机关,更是欧盟的宪法法院,对欧盟法律有最终解释权。根据所有成员国的传统,欧洲法院完全独立于政治进程。

① 2000年10月5日法院判决书,Federal Republic of Germany v. European Parliament and Council of the European Union,Case C-376/98,European Court Reports 2000,第1-8419页,第118段,"该指令必须整体废除"。

第一章　欧盟的海关体系和法律

一、介绍

《欧盟海关法典》的法律基础载于《欧洲联盟运行条约》第26—32条，规定了欧盟内部市场的建立和欧盟关税同盟的成立。[①] 欧盟关税同盟、欧盟海关法与欧盟的共同商业政策密切相关，共同商业政策规定在《欧洲联盟运行条约》第206条和第207条。《欧盟海关法典》是欧盟参与国际层面的贸易组织(如WTO)和自由贸易协定(FTAs)的基础。

根据《欧洲联盟运行条约》第26条第2款，"内部市场由一个无内部边界的区域组成，在此区域内，货物、人员、服务和资本的自由流动由两部条约的条款予以保障"。

此外，根据《欧洲联盟运行条约》第28条第1款，"联盟构成关税同盟，该同盟包含所有货物贸易，并禁止在成员国之间对货物征收进出口税及具有同等效果的所有费用，而且在与第三国关系方面采取共同关税税率"。

根据《欧洲联盟运行条约》第29条，如果来自第三国的产品已办理进口手续，且在某一成员国已支付了关税或具有同等效果的费用，未享受全部或部分退税或退费时，该产品应被视为在该成员国自由流通。

在所有有关关税同盟的事项中，欧盟有专属立法权。[②] 除非欧盟法律另

---

① 参见《欧洲联盟条约》第3条第3款和《欧洲联盟运行条约》第26条及以下。

② 《欧洲联盟运行条约》第3条第1款第1项；另参见 Bungenberg in von Arnauld (ed.), Europäische Außenbeziehungen (EnzEuR Vol. 10), Nomos, 2014, § 12 Autonome Handelspolitik, para. 107.

有规定,严格意义上,关税不在成员国的管辖范围中。但是,根据《欧洲联盟运行条约》第31条,理事会根据委员会的提议确定共同关税税率。此外,欧盟海关法是由欧洲议会和理事会根据普通立法程序来立法界定的。① 此类欧盟法规(条例)具有约束力,可直接适用于所有成员国。②

但是,需要注意的是,欧盟没有管理海关的专属权能。海关关税可以是欧盟权能,但是海关管理由联盟各国的海关机构负责。③ 因此,每个成员国均指定负责国家和欧盟海关政策所有事项的主管机构。④

根据《欧洲联盟运行条约》第33条,欧盟立法者应采取措施以加强成员国之间及成员国与委员会之间的关税合作,如通过《欧盟2014—2020年的关税行动计划》("海关2020")。⑤ 此行动计划旨在通过欧盟各成员国海关机构间专门知识的创新和交流来支持欧盟关税同盟的运作和现代化。

委员会和欧洲法院的监督权力确保这种多元化行政管理制度不会导致行政实践的大幅度分歧:根据《欧洲联盟运行条约》第258条和第260条第2款,如果委员会认为某一成员国未能履行两部条约规定的义务,可将案件提交至欧洲法院。如果法院认定委员会是正确的,则会说明成员国未能履行两部条约所规定的义务,且应要求其采取必要措施以执行法院判决。

---

① 《欧洲联盟运行条约》第207条第2款;参见《欧洲联盟运行条约》第289条和第294条关于一般立法程序的规定。

② 《欧洲联盟运行条约》第288条第2款。

③ Bungenberg in von Arnauld (ed.), Europäische Außenbeziehungen (EnzEuR Vol. 10), Nomos, 2014, § 12 Autonome Handelspolitik, para. 113.

④ 2015年11月24日,欧盟委员会(EU)第2015/2447号执行条例第6条,为执行欧洲议会和欧盟理事会制定《欧盟海关法典》的(EU)第952/2013号条例的某些规定制定了详细的规则,OJ 2015 L 343/558—893;另见《欧盟海关法典》(UCC)第3(1)条;2013年10月9日,欧洲议会和欧盟理事会通过的(EU)第952/2013号条例,制定了《欧盟海关法典》,OJ 2013 L 269/1—101,其实质性规定于2016年5月1日生效。当时,与《欧盟海关法典》有关的委员会行动,包括2015年7月28日欧盟委员会(EU)第2015/2446号补充条例,欧洲议会和欧盟理事会关于执行《欧盟海关法典》的详细规则的(EU)第952/2013号条例,OJ 2015 L 343/1—557。欧洲议会和欧盟理事会关于《欧盟海关法典》某些过渡性规则的(EU)第952/2013号条例尚未实施,(EU)第2015/2446号条例,OJ 2016 L 69/1—313和(EU)第2015/244号执行条例于2015年生效。

⑤ 2013年12月11日,欧洲议会和欧盟理事会(EU)第1294/2013号条例决定设立2014—2020年期间的欧洲联盟海关关税行动方案("海关2020"),并废除了第624/2007/EC号指令,OJ 2013 L 347/209—22。

下文是关于欧盟海关制度及其法律的概述：首先，我们将介绍“欧盟关税区”的含义，并解释欧盟关税同盟的内部和外部层面，即欧盟内部市场和欧盟外部市场；其次，我们将概述相关的欧盟海关立法，阐释欧盟如何通过法规的形式来规制海关法以及国家主管部门所扮演的角色是什么；最后，我们将概述中国与欧盟的海关合作。

二、欧盟关税同盟

《欧洲联盟运行条约》第 28—32 条和第 206 条规定，关税同盟“应包含所有货物贸易，并禁止在成员国之间对货物征收进出口税及具有同等效果的所有费用，而且在与第三国关系方面采取共同关税税率”。[①]

关税同盟废除了各成员国间的所有关税。在与欧盟和非欧盟成员国（包含中国）交易时，必须适用单一关税区规则和单一关税，即“共同海关税则”。大多数情况下，关税将基于欧盟经谈判的关税承诺而确定，被列入《关贸总协定》第 2 条所述的附件中。这些承诺应视为 GATT/WTO 协定的组成部分，因此可在 WTO 争端解决机制框架内予以审查。[②]

在下文中，首先我们将介绍欧盟关税区；其次，将阐释关税联盟的内部法律效果；最后，将介绍共同海关税则。

1.欧盟关税区

欧盟关税区包括欧盟所有成员国的领土，包括领水和领空在内（某些领土存在例外情况），还包括马恩岛、海峡群岛（泽西岛、根西岛和萨克岛），以及摩洛哥公国。[③] 但是，有一些不属于欧盟关税区的主体，如安道尔公国、圣马力诺共和国和土耳其，通过单独的私人关税同盟与欧盟相联系。[④]

2.关税同盟

《欧洲联盟运行条约》第 28 条和第 30 条禁止对在各成员国间流通的所有

---

① 《欧洲联盟运作条约》第 28 条第 1 款。

② 《关贸总协定》第 2 条第 7 款。

③ 《欧盟海关法典》第 4 条；不属于欧盟关税区的主体包括法罗群岛和格陵兰岛（丹麦）、黑尔戈兰岛和布辛根（德国）、休达和梅利利亚（西班牙）、法国的海外领地、意大利的利维尼奥市和金皮庸，以及位于蓬泰特雷萨和波尔托切雷肖之间的处于河岸地带和政治边界的卢加诺湖水域。

④ 涵盖《阿姆斯特丹条约》附件 1 所定义的农产品除外的所有产品以及仅受原产地规则的优惠协议规制的煤和钢铁产品。

货物“征收进出口税及具有同等效果的所有费用”。① 这不仅适用于产自各成员国的货物，也适用于产自第三国且被合法进口至欧盟关税区的货物。② 根据《欧洲联盟运行条约》第29条，“如果来自第三国的产品已办理进口手续，在某一成员国已支付了关税或具有同等效果的费用，且未享受全部或部分退税或退费时，该产品应被视为在该成员国自由流通”。货物的自由流通意味着一旦货物合法进入某一成员国，其可在欧盟所有成员国间自由流通。③ 货物合法进入欧盟不会将非欧盟产品变为欧盟产品；但是，关于关税，将适用非歧视原则，与欧盟产品同等对待。④ 因此，自由流通不仅意味着欧盟各成员国边界内部的货物免税流动，也意味着当货物通过关税区的各成员国边界时或当其从关税区再出口时，没有数量上的限制。⑤ 因此，自由流通不仅指在欧盟各成员国边界内。我们接下来将讨论海关制度的程序方面以及成员国海关当局所扮演的角色。⑥

3.共同对外关税政策和关税

除了欧盟加入WTO或缔结自由贸易协定等方面，欧盟关税同盟的对外运作层面包括针对进口至欧盟关税区的货物成立共同关税税则（CCT）。⑦ 共同关税税则决定着适用于进口至欧盟关税区的货物的普通税率。但是，进口

---

① 《欧洲联盟运行条约》第28条和第30条。

② 《欧洲联盟运行条约》第28条第2款。

③ 参见欧盟成员国的地图，包括所有的国家海关网站链接：http://ec.europa.eu/taxation_customs/customs/policy_issues/facts_and_figures/customs_member_states_en.htm（于2016年2月26日访问）。

④ 《欧盟海关法典》第201条规定如下。（一）在联盟关税区，拟在联盟市场上投放或意图在联盟关税区内私人使用或消费的非联盟货物，应被放行以自由流通。（二）自由流通的放行须包括以下事项：(1)收取进口关税；(2)酌情收取与这些费用相关的其他费用；(3)在它们不必在早期阶段得到适用的情况下，适用商业政策措施以及禁止和限制；(4)完成进口货物所规定的其他手续。（三）自由流通的放行应赋予非联盟货物以联盟货物的海关地位。

⑤ 《欧洲联盟运行条约》第34条和第35条；参见《欧洲联盟运行条约》第36条，规定了可基于安全和防护原因排除适用这一原则。

⑥ 参见下文，欧盟海关程序法：《欧盟海关法典》和成员国海关当局。

⑦ 它是由欧盟委员会根据理事会的提议确定的；参见《欧洲联盟运行条约》第28条第1款和第31条。

货物的普通税率可根据货物和原产地的不同而不同。[①] 例如,对于源自一个与欧盟签订自由贸易协定的国家的货物,其关税减让表和特定税率通常被涵盖在该自由贸易协定的附件中。共同关税税则制定了组合命名税则目录和欧盟统一关税税率(TARIC)。所有这些文件详见下文。[②]

三、欧盟海关立法[③]

由于欧盟在欧盟关税同盟事务上具有专属的立法权[④],欧盟的海关政策是由欧盟法令执行的,称为“条例”,它规定了欧盟海关程序法和欧盟关税框架。根据《欧洲联盟运行条约》第 288 条第 2 款,条例整体上应直接适用于所有成员国。然而,如下文即将阐述的,欧盟海关政策和法律是由成员国海关当局通过执行欧盟各条例的成员国海关法来实施的。鉴于此,以下部分将首先概述管理欧洲海关程序法和成员国海关当局作用的主要条例,其次是欧洲关税框架。

四、欧盟海关程序法:《欧盟海关法典》和成员国海关当局

为了使货物合法进口至欧盟关税区,必须遵守一定的进口手续。[⑤] 过去,欧洲的海关手续受到《欧共体海关法典》(CCC)及其实施条例[⑥]的管制。但

---

① 参见 Marc Bungenberg in von Arnauld (ed.), Europäische Außenbeziehungen (EnzEuR Vol. 10). Baden-Baden: Nomos, 2014, § 12 Autonome Handelspolitik,第 116 段及下文。

② 参见下文,欧盟关税框架。

③ 根据《欧盟海关法典》第 5 条第 2 款,“海关立法”是由《欧盟海关法典》、相应的授权和实施条例、共同关税税则、建立欧盟关税救济制度的立法,以及包含海关法规的国际协议构成的立法体系,它们在联盟范围内适用。

④ 《欧洲联盟运行条约》第 3 条第 1 款第 1 项。

⑤ 参见欧盟委员会、欧盟税务和海关联盟总局(Directorate-General Taxation and Customs Union)网站关于《欧盟海关法典》的相关立法、指导性文件、新闻以及有用链接: http://ec.europa.eu/taxation_customs/customs/customs_code/union_customs_code/ucc/index_en.htm(于 2016 年 7 月 6 日访问)。

⑥ 根据欧洲议会和欧盟理事会 2013 年 10 月 9 日关于制定《欧盟海关法典》的(EEC)第 952/2013/EU 号条例,废除 1992 年 10 月 12 日欧盟理事会第 2913/92 号条例,OJ 1992 L 302/1—50。见欧盟委员会 2015 年 11 月 17 日第 2015/2064/EU 号执行条例所修正的第 2454/93 号执行条例。

是，该法已于 2016 年 5 月 1 日被替换为《欧盟海关法典》(UCC)[①]。下一小节将讨论执行欧盟海关程序法的成员国海关当局。

尽管欧盟海关程序法属于欧盟的专属权能，但成员国指定各自海关当局[②]负责适用欧盟海关立法和监管欧盟国际贸易。[③] 根据《欧盟海关法典》第 3 条第 1 款，这些成员国海关当局制定了确保欧盟海关制度运作的措施。[④] 例如，中国经济运营商必须向货物入境点所在国家的海关当局处登记。[⑤] 海关申报单也在那里提交。[⑥]

1.《欧盟海关法典》(UCC)

《欧盟海关法典》(UCC)是第三国进出口商的实用指南。《欧盟海关法典》规定了“适用于出入欧盟关税区的货物的一般规则和程序”，“应根据国际法和其他领域的欧盟法律，统一适用于欧盟关税区”。[⑦] 因此，在计划将货物进口至欧盟时，经济运营商[⑧]应该了解《欧盟海关法典》和以前提到的条例规定。以下部分概述了与进口至欧盟的货物最为相关的事项。

任何在欧盟关税区内设立的经济运营商需要在主管成员国海关当局登记[⑨]，该成员国海关当局将向个人或经济运营商分配一个注册和识别号(EORI)[⑩]，而不在欧盟关税区内设立的经济运营商需要在“他们首次提出申

---

① 根据《欧盟海关法典》第 286 条，《欧盟海关法典》还取代了欧洲议会和欧盟理事会 2008 年 4 月 23 日关于建立《现代海关法典》的第 450/2008/EC 号条例。《现代海关法典》旨在进一步完善和取代《欧共体海关法典》。但是，实际上，《现代海关法典》从未适用。

② 根据《欧盟海关法典》第 5 条第 1 款，“‘海关当局’指的是负责适用海关立法的成员国海关机构和根据成员国法律授权以适用某些海关立法的任何其他机构”。

③ 参见《欧盟海关法典》第 3 条第 1 款和第 2015/2447 号实施条例第 6 条。

④ 欧盟委员会，成员国海关网址列表：http://ec. europa. eu/taxation_customs/national-customs-websites_en(于 2016 年 10 月 21 日访问)。

⑤ 《欧盟海关法典》第 9 条。

⑥ 《欧盟海关法典》第 159 条。

⑦ 《欧盟海关法典》第 1 条。《欧盟海关法典》的规定在第 2015/2446 号授权条例和第 2015/2447 号实施条例中进一步阐述。

⑧ 根据《欧盟海关法典》第 5 条第 5 款，“经济运营商”是“在其业务过程中参与海关立法所规定的活动的人”。

⑨ 《欧盟海关法典》第 9 条第 1 款。

⑩ 参见(EU)第 2015/2446 号授权条例第 3 条；(EU)第 2015/2446 号授权条例第 1 条第 18 款将经济运营商注册和识别号(EORI)定义为“由海关当局分配给经济运营商或个人的欧盟关税区内独特的识别号，以便出于关税目的将其注册”。

报地的海关当局”[1]登记。然后，在提交海关申报单、入境或出境摘要报关单时，或当经济运营商提交申请成为“经授权的经济运营商”[2]时，海关当局将分配其一个经济运营商注册和识别号(EORI)。一旦分配了 EORI 号，该号应被经济运营商用于与欧盟海关当局的沟通和业务办理。

根据《欧盟海关法典》第 38 条第 1 款，若在欧盟关税区内设立的经济运营商符合第 39 条中的规定，则可申请“经授权的经济运营商”地位(AEO)。[3]

《欧盟海关法典》第 38 条第 2 款将“经授权的经济运营商”地位进一步区分为两种类型：第一种类型注重海关程序，向“经授权的经济运营商”提供“普通经济运营商”不可用的海关简化程序(AEOC)；第二种类型的“经授权的经济运营商”地位侧重于安全和防护方面(AEOS)，提供安全和防护相关的便利。[4] 以上两种地位的授权可并行。[5]

根据《欧盟海关法典》第 24 条、第 38 条及以下条文，以及(EU)第 2015/2447 号实施条例，任何经济运营商都可以申请 AEOC 地位或 AEOS 地位，只要申请人：

> (1)遵守欧盟海关立法和税收规定，没有严重侵权或者一再违反海关立法和税收规定，没有与经济活动有关的严重刑事犯罪记录。在考虑侵权的严重性要素时，可以根据侵权是否是故意的，或侵权是否要求施加重大的处罚或提交刑事诉讼等因素确定；[6]
>
> (2)经济活动中具有良好的通关记录；
>
> (3)具有健全的财务偿付能力；
>
> (4)具有与所开展活动直接相关的能力或专业资格(仅适用于 AEOC

---

① 《欧盟海关法典》第 9 条第 2 款。

② 欧盟委员会、欧盟税务和海关联盟总局，《经济运营商注册和识别号》(EORI)，参见 http://ec.europa.eu/taxation_customs/customs/procedural_aspects/generaleoriindex_en.htm(于 2016 年 7 月 1 日访问)。

③ 参见欧盟委员会、欧盟税务和海关联盟总局，《经授权的经济运营商指南》，参见 http://ec.europa.eu/taxation_customs/resources/documents/customs/policy_issues/customs_security/aeo_guidelines_en.pdf(于 2016 年 7 月 4 日访问)。

④ 《欧盟海关法典》第 38 条第 2 款。

⑤ 《欧盟海关法典》第 38 条第 3 款。

⑥ 关于申请标准的详细信息，请参见欧盟委员会《经授权的经济运营商指南》：https://ec.europa.eu/taxation_customs/sites/taxation/filesdocsbody/aeo_guidelines_en.pdf(于 2016 年 10 月 23 日访问)。

地位申请者);

(5)具有适当的安全和防护标准(仅适用于 AEOS 地位申请者)。

《欧盟海关法典》第 38 条第 2 款和第 6 部分,(EU)第 2015/2446 号授权条例第 23—25 条列举了经授权的经济运营商可获得的益处,包括:

(1)与其他经济运营商相比,更少的安全和防护相关的实物和文件管制;

(2)接受实物管制(有关安全和防护)时,可获得事先通知;

(3)接受管制时,可获得优先处理;

(4)可要求在特定地方进行海关管制;

(5)间接利益,即被认可为安全的商业伙伴的运营商,可改善与海关和其他政府部门的关系;减少盗窃和损失;减少延迟发货;改进规划;改善客户服务;提高客户忠诚度;降低供应商的检验成本,增加合作等。①

根据《欧盟海关法典》第 38 条第 4 款,所有欧盟成员国均认可另一个成员国所授予的 AEO 地位。而且,第 38 条第 7 款规定,如果原籍国海关立法要求在获得 AEO 地位方面与欧盟要求等同,则可将获得 AEO 地位的资格延伸至"在欧盟关税区外的国家或地区成立的企业或个人"。AEO 的有利地位应基于互惠原则,且应由国际协议或欧盟立法支持②。对于这个问题,根据世界海关组织安全标准框架(WCO SAFE Framework of Standards)③,世界海关组织成员的海关机构可签署相互承认协议(MRAs)。在相互承认协议中,缔约方承认对方的 AEO 授权,并为持有 AEO 地位的缔约伙伴提供同等和互惠的利益。这加强了供应链的端到端安全机制,促进了经济运营商的海关程序便利化。④

---

① 欧盟委员会、欧盟税务和海关联盟总局,《经授权的经济运营商指南》,参见 http://ec.europa.eu/taxation_customs/customs/policy_issues/customs_security/aeo/aeo_en.htm#who_can_become(于 2016 年 7 月 1 日访问)。

② 《欧盟海关法典》第 38 条第 7 款。

③ 世界海关组织《全球贸易安全与便利标准框架》:http://ec.europa.eu/taxation_customs/resources/documents/customs/policy_issues/customs_security/normes_wco_en.pdf(于 2016 年 7 月 1 日访问)。

④ 欧盟委员会、欧盟税务和海关联盟总局,《经授权的经济运营商指南》,参见 http://ec.europa.eu/taxation_customs/customs/policy_issues/customs_security/aeo/aeo_en.htm#who_can_become(于 2016 年 7 月 5 日访问)。

入境摘要报关单(ENS)/海关申报单:[①]《欧盟海关法典》第 127 条第 1 款规定,"任何进口至欧盟关税区内的货物都必须提交入境摘要报关单"。[②] 入境摘要报关单通常必须由承运人提交,并包含"为安全和防护目的进行风险分析所需的详细信息",例如提单或商业发票[③];其必须在特定的期限内,且在货物抵达欧盟关税区内首次入境点的海关之前提交。[④] 延误是否被允许取决于进口商品采用的运输方式。例如,对于海运进口(使用集装箱),入境摘要报关单必须"在货物装载到进入欧盟关税区内的船只之前的 24 小时内提交"。[⑤] 根据《欧盟海关法典》第 127 条第 5 款,入境摘要报关单"应包含以安全和防护为目的的风险分析所需的详细信息"。[⑥] 如果货物仅通过领海或领空,不在欧盟关税区内停留,以及"在根据货物或交通的类型存在正当理由的情况下或在国际协议要求的情况下"[⑦],可不提交入境摘要报关单[⑧]。

约束性关税信息(Binding Tariff Information,BTI):[⑨]根据《欧盟海关法典》第 33 条,要求海关当局根据申请,就专门进口至欧盟的货物,作出约束性关税信息决定(BTI decisions)或约束性原产地信息决定(BOI decisions)。约束性关税信息决定将影响有关货物的适用关税;另外,约束性原产地信息决定表明了货物的原产地。"决定仅自相对人收到,或被视为收到通知之日起生

---

① 参见欧盟委员会、欧盟税务和海关联盟总局,关于欧盟出入境的海关手续指导性文件。

② 根据《欧盟海关法典》第 5 条第 9 款,"入境摘要报关"是指个人以规定的形式和方式以及在特定的时限内,告知海关当局货物将运至欧盟关税区内。

③ 《欧盟海关法典》第 127 条第 4 款和第 5 款。

④ 《欧盟海关法典》第 127 条第 3 款规定,"海关当局可以允许将入境摘要报关单提交给另一个海关署,只要后者立即以电子方式向首次入境点的海关署通报或提供必要资料"。

⑤ 参见(EU)第 2015/2446 号授权条例第 105—111 条关于适用于将货物进口至欧盟关税区内的其他方式的时限。

⑥ 参见《欧盟海关法典》第 218 条。

⑦ 《欧盟海关法典》第 127 条第 2 款。

⑧ 如果在《欧盟海关法典》第 127 条第 3 款规定的特定时限内提交入境摘要报关单,且至少包含入境摘要报关单的必要信息,则报关可取代提交入境摘要报关单的要求:《欧盟海关法典》第 130 条;另参见《欧盟海关法典》关于报关以及海关程序下货物销售的第 158 条及以下条款。

⑨ 参见欧盟委员会、欧盟税务和海关联盟总局的关于约束性关税信息(BTI)的网站:http://ec.europa.eu/taxation_customs/customs/customs_duties/tariff_aspects/classification_goods/index_en.htm(于 2016 年 7 月 6 日访问),以及欧盟委员会、欧盟税务和海关联盟总局《关于欧洲约束性关税信息(EBTI)体系及其运作的暂定管理指导方针》。

效,针对在决定生效后完成海关程序的货物,两种决定的有效期均为三年[①],对海关当局和决定的相对人皆有约束力。"[②]

根据(EU)第2015/2446号授权条例第19条,"关于约束性关税信息决定的申请以及任何随附的或支持此申请的文件,应当提交给申请人的所在成员国的主管海关当局,或者提交给使用信息的成员国的主管海关当局"。成员国指定作出BTI和BOI决定的主管海关当局。[③]

对海关当局的决定提起诉讼的权利:《欧盟海关法典》赋予任何人[④]直接就成员国海关当局关于适用海关法律所作的决定提起诉讼的权利。[⑤]《欧盟海关法典》第44条规定了一个"两步走"程序:海关当局或司法机构可以进行第一次审查;第二次可由"更高级的独立机构,可以是司法机关或同等专门机构"进行。[⑥] 上诉不会中止执行有争议的决定,除非有"充分的理由相信上述有争议的决定与海关立法不一致或对有关人员造成了无法挽回的损害"。[⑦]

2.欧盟关税框架

进入或离开欧盟单一市场的每个商品都必须按照欧盟关税法进行分类,以确定相关产品的进出口关税。根据《欧盟海关法典》第56条第1款,"进出口关税应以共同关税税则为准"。[⑧] 第56条第2款进一步明确了共同关税税则的组成部分,并确定在边境征收的基本税收种类。传统关税是"向源于《关贸总协定》缔约国或与欧盟缔结了包含最惠国关税协议的国家的进口货物征收的税收"。[⑨] 相比之下,欧盟自主设定关税或自主适用措施。[⑩]

组合命名税则目录(CN):共同关税税则规定了货物命名法,即组合命名

---

① 《欧盟海关法典》第33条第3款。

② 《欧盟海关法典》第33条第2款。

③ 指定海关当局名单转载于2015年8月8日的官方公报C 261,第28页及以下。

④ 根据《欧盟海关法典》第5条第4款,"'人'指自然人、法人以及任何不具有法人资格但根据欧盟法或成员国国内法被认定为具有法律行为能力的机构。"

⑤ 《欧盟海关法典》第44条。

⑥ 《欧盟海关法典》第44条。

⑦ 《欧盟海关法典》第45条。

⑧ 1987年7月23日,欧盟理事会关于关税、统计术语和共同关税的(EEC)第2658/87号条例,OJ 1987 L 256/1—675,该条例经2015年10月6日(EU)第2015/1754号执行条例修订。

⑨ (EU)第2015/1754号执行条例,第一部分初步规定中的"B.关于职责的一般规则",第1段。

⑩ 在组合命名税则目录的注释中表现出来。

税则目录,“其一次性同时满足共同关税税则要求、共同体对外贸易统计,以及其他有关进出口货物的共同体政策的要求”。①

组合命名税则目录以世界海关组织制定的“统一制度税则名目”(HS编码制度)为基础;它使用6位数来分类货物。② 组合命名税则目录将欧盟特定的细分名目添加到命名中,通过附加数字(CN子目录)体现出来。③ 因此,每一个CN子目录均由8位数字标识,前6位数字是统一制度税则名目的目录和子目录相关的代码编号,而最后2位数字表示欧盟特定的CN子目录。如果欧盟没有进一步细分欧盟统一制度税则名目的目录或子目录,则第7位和第8位数字应为“00”。④ 进口至欧盟的每件商品将按照组合命名税则目录进行分类,作为确定适用关税税率的第一步(CN范例见表1-1)。

表1-1　组合命名税则目录的例子

CN编码	描述	协定税率/%	附带单位
2001	蔬菜、水果、坚果以及用醋或乙酸制备或保藏的植物的其他可食部分	—	—
2001 10 00	黄瓜及小黄瓜	17.6	kg/net eda
2001 90	其他	—	—
2001 90 10	芒果酱	免费	—
2001 90 20	甜椒或甘椒除外的辣椒	5	—

资料来源:第2015/1754号实施条例。

组合命名税则目录每年由委员会实施条例进行修订,新制定的组合命名税则目录全文载于附件1。⑤ 经修订的“条例”使欧盟理事会、委员会,或欧盟所缔结协议的“自主”措施导致的关税税率变动内在化。⑥

① 第2658/87号条例第1条第1款。

② 统一制度税则名目:统一的商品描述和编码制度,被称为“统一制度”或“HS”,是世界海关组织制定的多用途国际产品命名法,参见 http://www.wcoomd.org/en/topics/nomenclature/overview.aspx(于2016年3月8日访问)。

③ 组合命名税则目录(CN)还包含CN子目录的初步规定、附加章节或章节注释和脚注的进一步信息,参见第2658/87号条例第1条第2款。

④ 第2658/87号条例第3条。

⑤ 参见(EU)第2015/1754号实施条例附件1,(EEC)第2658/87号条例第12条。

⑥ 在设定商品的个人关税税率时,欧盟机构根据《关贸总协定》第2条,受“关税约束”的制约。

原产地规则:在全球价值链时代,商品的生产过程通常历经几个国家。原产地规则决定了产品属于什么国家。根据自由贸易协定以及对发展中国家和最不发达国家的优惠待遇,原产地规则非常重要,因为产品的进口关税因来源而异。在欧盟,《欧盟海关法典》关于产品来源的条款决定了产品的原产地。[①]

根据《欧盟海关法典》第 60 条第 2 款,生产过程经历"多个国家或地区"的货物的原产地是指完成货物最后一道实质性加工生产的国家或地区,条件是这种加工:(1)在经济上是合理的;(2)在以此为目的的企业中进行;(3)导致了新产品的生产或代表制造过程中的新阶段,通常由改变适用的关税目录来体现。[②]

欧盟一体化关税:除了组合命名税则目录和共同关税税则,(EEC)第 2658/87 号条例还规定了欧盟一体化关税(TARIC)。欧盟一体化关税是一个电子数据库,包含与所有进出欧盟的货物的进出口相关法律规定和信息。它基于组合命名税则目录,但其通过添加第 9 位和第 10 位数字到 CN 子目录[③]构成了附加的欧盟细分目录(TARIC 子目录或 TARIC 税则目录),以实施欧盟海关措施。[④] 如果 CN 子目录没有基于 TARIC 目的进行进一步细分,TARIC 税则目录将使用数字"00"。[⑤] 成员国可基于国家目的(如增值税或消费税)添加第 11 位和第 12 位数字以进一步明确 10 位数的 TARIC 子目录。[⑥]

然而,如果特定的欧盟措施使得商品的第 9 位或第 10 位没有编码或没有完全被编码(如葡萄酒或濒危物种产品[⑦]),则 TARIC 的 4 位附加编码可补充为 TARIC 的 10 位编码数字。

海关法委员会:在 CN 和 TARIC 的制定中,欧盟委员会由海关法委员会

---

① 参见《欧盟海关法典》第 59 条第 1 款。

② 更详细的讨论,请参见 The Origin of Goods in Massimo Fabio,Customs Law of the European Union. Alphen aan den Rijn:Kluwer Law International,2001。

③ (EEC)第 2658/87 号条例第 3 条第 2 款。

④ (EEC)第 2658/87 号条例第 2 条和第 5 条。

⑤ (EEC)第 2658/87 号条例第 2 条和第 5 条。

⑥ (EEC)第 2658/87 号条例第 5 条第 3 款;参见 Marc Bungenberg in von Arnauld (ed.), Europäische Außenbeziehungen (EnzEuR Vol. 10). Baden-Basen: Nomos, 2014, § 12 Autonome Handelspolitik,第 119 段;参见 Massimo Fabio,Customs Law of the European Union. Alphen aan den Rijn:Kluwer Law International,2001:2—24。

⑦ (EEC)第 2658/87 号条例第 3 条第 3 款;参见 Massimo Fabio,Customs Law of the European Union. Alphen aan den Rijn:Kluwer Law International,2001:2—25。

协助。[①] 海关法委员会由欧盟所有成员国的代表组成，由欧盟委员会代表担任主席，负责审查下列事项的所有问题：组合命名税则目录、TARIC子目录、TARIC税则目录以及其他基于CN的税则目录。[②]

共同关税税则的统一适用性：成员国关税机构必须统一适用共同关税税则。[③] 如果对关税分类有争议，欧洲法院享有对欧盟关税法规的最终解释权，以确保进口国统一适用关税。[④] 欧洲法院对关税分类事务作出裁决的案件太多，无法在此一一列举。涉及物品的形式多样，值得关注，如已无法发芽但用于烘焙的南瓜种子[⑤]、倾卸车[⑥]、节日氦气球[⑦]和计算机声卡[⑧]等。

在比利时法院判决的一个案件中，欧洲法院裁定，如果国家对进出口货物征收的税明确地标注为关税，则其仅指关税本身。[⑨] 然而，欧洲法院明确表示，任何与关税具有同等效果的产品上的收费，"无论其多少以及无论其指定和适用方式如何"，在各成员国同等地均被禁止。[⑩]

---

① (EEC)第2658/87号条例第10条和《欧盟海关法典》第285条。

② 欧盟法律法规数据库（EUR-Lex）：http://eur-lex.europa.eu/legal-content/EN/TXT/? uri=uriserv:l11003（于2016年4月5日访问）。

③ C-317/81, Howe & Bainbridge BV v. Oberfinanzdirektion Frankfurt am Main, [1982] E. C. R. 3257, para. 16.

④ Massimo Fabio, Customs Law of the European Union. Alphen aan den Rijn: Kluwer Law International, 2001: 2－14. Timothy Lyons, EC Customs Law, 2nd ed. Oxford: Oxford University Press, 2008: 153.

⑤ C-229/06, Sunshine Deutschland Handelsgesellschaft mbH v. Hauptzollamt Kiel, [2007] E. C. R I-03251.

⑥ C-400/05, B. A. S. Trucks BV v. Staatssecretaris van Financiën, [2007] E. C. R. I-00311.

⑦ C-14/05, Anagram InternatinalInc v. Inspecteur van de Belatingdienst-Douanedistrict Rotterdam, [2006] E. C. R. I-6763.

⑧ Joined Cases 304 and 305/04, Jacob Meijer BV and Eagle International Freight BV v. Inspecteur van de Belatingdienst — Douanedistrict Arnhem, [2005] E. C. R. I-6251.

⑨ Joined Cases 2 and 3/69 (Diamantarbeiders), [1969] E. C. R. 211，第15和18段。

⑩ Joined Cases 2 and 3/69 (Diamantarbeiders), [1969] E. C. R. 211，第15和18段。参见《欧洲联盟运行条约》第28条和第30条。

3. 中国与欧盟的海关合作

2004 年,中国和欧盟缔结了《海关合作和行政互助协议》[①],建立了中国—欧盟海关合作[②]和行政互助[③]的框架,以打击知识产权侵权,加强供应链安全以及促进贸易便利化。该协议成立了一个联合海关合作委员会(JCCC),每年举行一次会议,以监督协议的正常运作,为此采取必要措施,并提出建议,以促进协议目标的实现。[④]

《海关合作和行政互助协议》促使欧盟与中国加强合作。例如,双方签署了 2010 年战略合作框架,缔结了《中欧海关 2014—2017 年知识产权合作行动计划》,加强中国与欧盟的海关合作,以促进合法贸易[⑤]。[⑥] 另外,2014 年 5 月 16 日,在联合海关合作委员会于北京举行的第七届年会上,双方通过了 AEO 互认的决定(简称为《互认安排决定》)。[⑦] 持有安全和防护相关的 AEO 地位(AEOS)[⑧]的经济运营商将在以下方面受益:在中国的货物优先通关以及安全和防护相关的管制的减少。[⑨] 持有《中华人民共和国海关企业分类管理办

① 参见 2004 年 11 月 16 日欧盟理事会(EC)第 2004/889 号指令关于欧盟和中国政府之间就海关事务方面的合作和行政互助签署协议,OJ 2004 L 375/19－19,该指令代表欧盟批准了欧盟和中国政府签订的《海关合作和行政互助协议》。

② 《海关合作和行政互助协议》第 6－9 条。

③ 《海关合作和行政互助协议》第 10－19 条。

④ 《海关合作和行政互助协议》第 21 条。

⑤ 参见 http://ec. europa. eu/taxation_customs/business/international-affairs/international-customs-cooperation-mutual-administrative-assistance-agreements/china_en(于 2016 年 10 月 23 日访问)。

⑥ 参见 http://ec. europa. eu/taxation _ customs/sites/taxation/files/resources/documents/customs/policy_issues/international _ customs _ agreements/china/action _ plan _ eu _ china _ ipr _ 2014 _ 2017. pdf(于 2016 年 10 月 23 日访问)。

⑦ 参见联合海关合作委员会《关于欧盟经授权的经济运营商制度和中国海关企业分类管理制度之间互认安排的决定》(以下简称《互认安排决定》);另参见欧盟委员会、欧盟税务和海关联盟总局《经授权的经济运营商指南》(AEO)《中欧 AEO 互认的常见问题解答》,参见 http://ec. europa. eu/taxation _ customs/resources/documents/customs/policy _ issues/customs _ security/aeo_mra/2015－11_aeo_china_faqs. pdf(于 2016 年 7 月 4 日访问)。

⑧ 《互认安排决定》第 1 条第 1 款。

⑨ 参见《互认安排决定》第 4 条关于此协议产生的所有益处。

法》[1]规定中 AA 级证书的经济运营商,在欧盟边界的关税区可享受互惠利益。《互认安排决定》于 2015 年 11 月 3 日生效。[2]

---

① 《互认安排决定》第 1 条第 2 款。《中华人民共和国海关企业分类管理办法》于 2014 年 12 月 1 日被《中华人民共和国海关企业信用管理暂行办法》所取代。

② 欧盟与中国签署《关于授权经济运营商相互承认的联合声明》。http://ec.europa.eu/taxation_customs/sites/taxation/files/resources/documents/customs/policy_issues/international_customs_agreements/china/info_note_en.pdf(于 2016 年 10 月 23 日访问)。

第二章　欧盟的外贸制度和法律

一、简介

自1957年以来，欧盟(及其前身)享有欧盟对外经济关系方面的权能(共同商业政策，CCP)。事实上，这种权能已被规定在《欧洲联盟运行条约》第206条和第207条中，长时间以来，它是欧盟唯一的对外关系权能，也是最重要的一个。尽管措辞不完全明确，共同商业政策一开始就被视为专属权能，自20世纪60年代中期以来，这种内部事态成为《关贸总协定》实践中的日常现实[①]，欧盟被视为《关贸总协定》事实上的缔约国，就谈判和争端解决完全代表欧盟及其成员国。这不仅仅是由于欧洲法院通过系列判决，将共同商业政策解释为国际经济法的一个接口，欧盟的权能必须"与时俱进"，以动态的方式进行解释，从而实现欧盟的最佳代表权，即新创立的国际法主体。[②] 欧盟委员会和欧盟的行政机关，在以下方面(就可能的剩余权能而言)代表欧盟及其成员国：所有的关贸总协定争端和多边贸易谈判，包括乌拉圭回合谈判。在这些国际交往中欧盟与其他主要贸易国家发挥了重要领导作用。[③]

由于WTO协定的覆盖范围显著扩大(与以前的《关贸总协定》相比)，欧洲法院驳回了对共同商业政策条约规定的解释，因为条约当时只提到了货物

---

① 参见《欧洲联盟运行条约》第3条第1款："联盟在以下领域享有专属权能：……(5)共同商业政策。"

② Pierre Didier, Michael Hahn, Herve Prince, et al., La Politique Commerciale Commune. Bruxelles: Editions de l'Université de Bruxelles, 2014: 9—86。

③ 参见 Hugo Paemon and Alexandra Bensch, From the GATT to the WTO: The European Community in the Uruguay Round. Leuven: Leuven University Press, 1995。

贸易,这将授予欧盟关于 WTO 所有主题方面的专属权能,包括对服务贸易、与贸易有关的知识产权的管理。① 因此,WTO 协定必须被视为所谓的混合协定,即由联盟及其所有成员国缔结,联盟在货物贸易以及《服务贸易总协定》(GATS)和《与贸易有关的知识产权协议》(TRIPS)的一些方面享有专属权能;然而,大部分《服务贸易总协定》(GATS)和《与贸易有关的知识产权协议》(TRIPS)中的规定属于成员国的权能范围。

因此,欧盟及其成员国都是 WTO 的创始成员。② 欧盟因其成员国数量原因,有较多投票权。自 2009 年起,已生效的《里斯本条约》明确地将服务贸易和知识产权的商业方面纳入专属权能。因此,《欧洲联盟运行条约》第 207 条所规定的欧盟专属权能再次与欧盟贸易制度所涵盖的主题内容相一致。③ 但补充说明一下,在 WTO 法律的一些方面,欧盟成员国可要求剩余权能。④ 尽管,事实上资助 WTO 的是各成员国而非欧盟,但是欧洲法院已明确拒绝了将这个事实作为成员国权能的法律依据。⑤

欧盟及其成员国都是 WTO 的成员(参见 WTO 协定第 9 条第 1 款、第 12 条第 2 款);欧盟及其大多数成员国都是创始成员。欧洲(经济)联盟⑥的所有成员国都是《关贸总协定》的缔约方,而《关贸总协定》生效 10 年后成立的共同体则不得正式加入《关贸总协定》缔约方的行列。

---

① Opinion 1/94,[1994] E. C. R. I-5276。

② 参见 WTO 协定第 9 条第 1 款,第 12 条第 1 款。

③ 事实上,根据《欧洲联盟运行条约》第 207 条第 1 款,共同经济政策如今也包含外商直接投资(FDI)。

④ 迄今为止,这些所谓的权能与 WTO 的实践无关。它们涉及由《欧洲联盟运行条约》第 79 条第 5 款(本条不应影响成员国对接纳来自第三国国民的入境求职者或自营职业者人数的决定权)产生的特别权利。关于关税管理,第 33 条(在条约适用范围内,欧洲议会和理事会应根据普通立法程序采取措施来加强成员国间及成员国与委员会之间的关税合作)明确表明一定程度的成员国自主权不受欧盟在共同商业政策和关税联盟方面专属权能的影响。成员国的另一个剩余权能可能存在于《与贸易有关的知识产权协议》(TRIPS)第 41 条("实施程序")所规定的领域。WTO 协定中的各种收支平衡例外条款,至少对于非欧元货币的欧盟成员国,只能由其自己启用,因为《欧洲联盟运行条约》第 143 条和第 144 条只规定了可采取特别措施的情况。

⑤ 欧洲法院驳斥了 WTO 协定的"混合"观点,即欧盟及其成员国都是成员。其之所以被 WTO 接受,是因为成员国为 WTO 预算作出了贡献。法院区别了国际橡胶案,此案中认为欧盟及其成员国在制定财务政策文书的协议谈判方面共享权能,但是为经营预算做贡献是 WTO 协定所规定的义务,参见 Opinion 1/94,1994 E. C. R. I-5276,at I-5395。

⑥ 《欧洲联盟条约》第 1 条第 3 款,"本联盟将取代和继承欧洲共同体"。

二、欧盟委员会——欧盟及其成员国在 WTO 的专属代表

如上所述,欧盟只享有《欧洲联盟运行条约》赋予的权力;不属于欧盟处理的事项仍在成员国的权能范围内。根据目前生效的 WTO 法律,欧盟对 WTO 协定所涵盖的所有事项享有专属权能,在行政法、刑法,以及与自然人的跨境流动相关的服务中存在例外情况(模式 4)。[①] 欧盟的宪法性文件,以及制定此文件和赋予其权能的条约,赋予了委员会向理事会提出条约谈判并在理事会发布指令后进行谈判的权利。成员国,尤其是其行政部门,对欧盟理事会的控制至关重要:委员会只能根据确定相关职权范围的"指令"进行谈判,理事会经欧洲议会批准后缔结条约;此外,理事会和成员国代表根据"委员会第 207 条"参与共同商业政策的所有谈判,包括布鲁塞尔谈判和现场谈判,以确保谈判过程与理事会的政治意愿相一致。[②]

《欧洲联盟运行条约》第 3 条第 1 款明确认可了现状,即共同商业政策属于联盟的专属权能领域。

就 WTO 而言,授权谈判和缔结多边贸易协定的核心条款是《欧洲联盟运行条约》第 207 条第 1 款,其内容如下:

> 共同商业政策应以一致原则为基础,尤其应考虑关税税率的变化、与货物和服务贸易相关的关税和贸易协定的缔结、知识产权的商业化、外商直接投资、贸易自由化措施的统一、出口政策以及在倾销和补贴等情况下采取的贸易保护措施。共同商业政策应在联盟对外行动的原则和目标基础上实施。

因为欧盟的权能是专属的,所以成员国不再具有从事 WTO 谈判的权能。[③] 这并不意味着成员国变得无关紧要;相反,它们的政治意愿决定了欧盟法律上可做出的承诺:理事会由各成员国的部长组成,可依法就欧盟对外关系活动享有首次发声权和最终决定权。

自《欧洲联盟运行条约》生效以来,欧洲议会自身作为参与者加入了对外

---

① 《欧洲联盟运行条约》第 207 条第 6 款。

② 《欧洲联盟运行条约》第 207 条第 3 款。

③ 成员国仍有权能的领域不包括谈判领域。但即便如此,成员国也可要求委员会作为代表。

关系领域：只有经议会批准后才能缔结条约。[①] 由于欧盟享有对外权能，鉴于实施《欧洲联盟运行条约》规定的共同商业政策，每次欧盟都适用统一的规则，无论其形式如何，成员国都不再有权单独地或集体地承担与影响制定这些与第三方国家相关规则的工作。[②]

在此背景下，欧盟各成员国参与未来的 WTO 谈判（如多哈回合），要求适用一些内部的法律措施：适用《欧洲联盟运行条约》第 2 条第 1 款。[③] 无论如何，欧洲法院要求“各成员国和欧盟机构在谈判和缔约、履行所作承诺方面紧密合作，这种义务源自欧盟作为国际代表的一致性要求”。[④]

三、WTO 法律和欧盟法律制度之间的关系

欧盟缔结的国际协议成为欧盟法令的组成部分，在创立条约（尤其是《欧洲联盟运行条约》和《欧洲联盟条约》）和普通（二级）法律之间分级定位。[⑤] 根据《欧洲联盟运行条约》第 216 条第 2 款，联盟缔结的协议对联盟机构及其成员国均有约束力。这也适用于 GATT/WTO。[⑥] 根据 WTO 协定第 16 条第 4

---

① 参见《欧洲联盟运行条约》第 218 条第 6 款和第 294 条。此外，议会已获得委员会广泛的让步，参见“Framework Agreement on Relations Between the European Parliament and the European Commision”，Official Journal of the European Union 2010 L 304/47。理事会对该协议的合法性提出异议，参见 Council Statement，“Framework Agreement on Relations Between the European Parliament and the European Commission”，Official Journal of the European Union 2010 C 287/1；欧洲法院未解决这个争议。

② Case 22/70，Commission v. Council[1971] E. C. R. 263，274；参见《欧洲联盟运行条约》第 2 条第 1 款，“当条约赋予联盟在某一特定领域享有专属权能，只有联盟可以在此领域立法或通过具有法律约束力的法令，成员国仅在获得联盟授权或为实施联盟法令的情况下才可在此领域立法或通过具有法律约束力的法令”。

③ Michael Hahn and Livia Danieli，You'll Never Walk Alone：The European Union and Its Member States in the WTO. Marc Bungenberg and Christoph Herrmann (eds.)，Common Commercial Policy after Lisbon. Heidelberg：SpringerI-Verlag，2013：49－63.

④ Opinion 1/78，at I-5420。

⑤ 欧洲法院的相关判例始于 Case 181/73，Haegeman v. Belgium，1974 E. C. R. 449，其在 Case 104/81，Hauptzollamt Mainz v. C. A. Kupferberg& Cie. KG a. A. [1982] E. C. R. 3641 中得到进一步发展。

⑥ 自合并审理案件 Cases 21 to 24/72，International Fruit Co. v. Produktschapvoor Groenten en Fruit [1972] E. C. R. 1219 的判决以来，这已具有公认的法律地位，在上述判决的第一部分，法院确定当时的欧共体受《关贸总协定》的约束，《关贸总协定》是欧盟法令的组成部分；该判决以拒绝任何直接的效力而闻名，见下文。

款，联盟及其各成员国应保证其法律、法规和行政程序与 WTO 协定及其附件对其规定的义务相一致。

在此基础上，欧盟关于贸易的立法应与 WTO 规定的义务相一致。委员会，与某些政府相类似，试图保持领先地位并且与对欧盟法律的最新理解保持一致。然而，在一些重要的案例中，中国曾成功地指出了欧盟贸易法与 WTO 规定的义务之间的不一致性。

在内部，欧洲法院尽可能从 WTO 义务的角度来解释欧盟法律的义务，以避免欧盟立法与 WTO 解释不一致的情况。① 当欧盟二级法律的措辞存在一种以上的解释时，应尽可能优先考虑使该条款与 WTO 协议相一致的解释：欧盟缔结的国际协议与欧盟二级法律的规定相比具有优先性，这意味着在解释二级法律规定时，必须遵循与 WTO 协议相一致的原则。②

如果存在欧盟法规③与 WTO 协定不一致的情况会怎么样？如果欧洲法院采取惯常做法，结果就是直截了当的：由于欧盟缔结的条约是联盟法令的组成部分，地位高于二级法律④，但低于建立联盟的条约（《欧洲联盟条约》和《欧洲联盟运行条约》，即基础法律），所以只要 WTO 法律是直接适用的，其适用应优先于二级法律。由于 WTO 协定没有具体说明是否应当直接适用 WTO 法律，所以个人和成员国过去曾要求废除与《关贸总协定》不一致的二级法律。然而，这并没有成功。根据欧洲法院，若国际协议的规定"可赋予欧盟公民在法院援引它的权利时"⑤，国际协议才可获得直接效力。在 1972 年的国际水果公司案判决中，法庭拒绝把此特性运用到《关贸总协定》的任何条款中去，但是当比较均被视为具有直接效力的《关贸总协定》的第 2 条、第 3 条或第 11 条和《欧洲联盟运行条约》或《自由贸易协定》时，法院的拒绝非常出人意料。法

① 关于欧洲法院管辖权的相关分析请参见：参见 Marco Broncker，"From 'Direct Effect' to 'Muted Dialogue'"JIEL，2008(4)：11，885－898，888。

② Case C-61/94，Commission of the European Communities v. Federal Republic of Germany (International Dairy Arrangement) 1996 E. C. R. I-3989，para. 52. 类似内容可在下列案例中找到：Case C-76/00 P，Petrotub SA and Republica SA v. Council and Commission，(2003) I-79，para. 57；Case C-431/05，Merck Genéricos-Produtos Farmacêuticos Lda v. Merck & Co. Inc. and Merck Sharp & Dohme Lda，2007 E. C. R. I-7001，para. 35。

③ 被称为"法规"或"指令"（后者是框架法的称呼），参见《欧洲联盟运行法》第 288 条以及第 291 条中的规定。

④ 参见《欧洲联盟运行法》第 288 条。

⑤ Joined Cases Cases 21，22，23 & 24/72，Int'l Fruit Co. v. Produktschapvoor Groenten en Fruit，[1972] E. C. R. 1219，para. 8.

庭引用了《关贸总协定》争端解决的外交性质、(实质性)例外条款和(实质性)免责条款来支持其判决。应强调的是,这种看法似乎很有道理,但很难与法院关于欧盟法律体系中国际条约效力的常规判例进行调和。

欧洲法院拒绝赋予《关贸总协定》多边贸易法的直接效力,这被视为WTO成立以来新一轮的考验。一些欧洲法院主审法官(Advocate General)表示,WTO的《争端解决谅解协议》已改变了拒绝赋予GATT/WTO法律直接效力的事实基础。毕竟,没有一个国际争端解决程序与WTO高效率和高成功率的争端解决机制是接近的。但是,在缔结《乌拉圭回合协议》时,在决定是否签订条约方面具有垄断权的欧盟理事会曾声明:"就其性质而言,WTO协定及其附件,不能由欧盟或其成员国法院直接援引。"①当然,这个包含在二级法律中的声明不具有法律效力来规定欧盟最高法院如何解释高位阶的法律,如欧盟的基础法律和国际法。

然而,欧盟理事会认为,不是欧盟单方面地向WTO其他成员提出此请求,主要贸易大国,尤其是美国,在他们的《乌拉圭回合协议法》②中,也拒绝这么做,主要受葡萄牙诉理事会案件③结果的影响,葡萄牙请求宣告欧盟理事会作出的印度及巴基斯坦有关纺织品市场准入的决定无效。偏离主审法官做出的决定,法院重申了"国际水果案"的判例法理阐释,即"《关贸总协定》的规则不是无条件的……从其精神、一般结构和条款来看,没有义务把它们作为国际法规则在缔约方的国内法律体系中直接适用"④,且把此判决法理阐释适用到了WTO协定中。欧洲法院拒绝承认"欧盟法律以WTO法律为据,在冲突时无效"这种观点,且严重依赖于其国际水果案先例,质疑《争端解决谅解协议》引起的变化已经改变了日内瓦争端解决机制⑤的内在外交性质。然而,当欧洲法院指出欧盟理事会关于直接效力的声明时,其不愿意承认直接效力的真正原因是显而易见的。⑥ 欧洲法院明确指出,欧盟理事会仅效仿了欧盟的主要贸易伙伴,他们中没有一个赋予欧盟法律直接效力。欧洲法院认为,司法机构的作用不是通过使第三方受益且其他WTO成员因此获取额外利益,从而

---

① 94/800/EC:1994年12月22日的理事会指令关于以欧盟的名义就其职权范围内的事项缔结协议,1994 OJ (L 336),在序言中提到的乌拉圭回合多边谈判中达成的协议。

② 参见下文。

③ Case C-149/96 Portuguese Republic v. Council,1999 E. C. R. I-8395.

④ Case 280/93,Germany v. Council [1994] E. C. R. I-4973 at I-5073,para. 110.

⑤ Case 280/93,Germany v. Council[1994] E. C. R. I-4973 at I-5073,第36段及以下。

⑥ Case 280/93,Germany v. Council [1994] E. C. R. I-4973 at I-5073,para. 48.

束缚欧盟谈判者的手脚。与其关于国际条约法律的正常的判例分析相反,法院将互惠和直接效力联系起来。①

法院拒绝赋予直接效力的两个例外情况也应提示读者注意:如果欧盟法令表明欧盟意图执行一项特定的 WTO 义务(“Nakajima exception”)②,或有关的联盟明确提及 WTO 协议的特定条款(“Fediol exception”)③,法院将视被提及的 WTO 协定条款为审查欧盟行为或规则的合法性的依据。然而,是否赋予欧洲法院额外的法律控制是由欧盟立法者决定的,所以这些例外情况的实际意义被证实是有限的。④

即使被采纳的 WTO 专家组和上诉机构的报告适用了 WTO 规则,欧洲法院仍否定了 WTO 协定的直接效力⑤,甚至在《争端解决谅解协议》第 21.3 条和第 22.2 条规定的“合理期限”届满后⑥,法院不能在欧盟法律与 WTO 法律相冲突时宣告欧盟法律无效。但这并不影响欧盟立法者在《争端解决谅解协议》确定欧盟法律与 WTO 法律不一致的情况下根据国际法修订其法律。⑦

四、贸易救济法

欧盟适用了一种特殊的贸易救济制度,被称为“贸易防御措施(TDIs)”,其中包括应对补贴和保障措施的反倾销税和反补贴税。这些措施符合 WTO

---

① Case 280/93, Germany v. Council [1994] E. C. R. I-4973 at I-5073, para. 43—45.

② Case C-69/89, Nakajima All Precision Co. v. Council, [1991] E. C. R. I-2069.

③ Case 70/87, Féderation de l’industrie de l’huilerie de la CEE (Fediol) v. Commission [1989] E. C. R. 1781, paras 19—22 [hereinafter Fediol v. Commission]. 这一原则被适用在此案例中:Case C-89/99, Schieving-Nijstad v. Groeneveld [2001] E. C. R. I-340,认为欧盟成员国需遵守 TRIPs 第 50 条第 6 款。

④ 但例如参见 Case C-76/00 P, Petrotub SA and Republica SA v. Council and Commission, [2003] I-79,第 56 段及后文。

⑤ Case C-94/02, Établissements Biretet Cie SA v. Council of the European Union, [2003] E. C. R. I-10565,第 64 段及后文。

⑥ Case C-377/02, Léon Van Parys NV v. Belgisch Interventie-en Restitutie Bureau (BIRB), [2005] E. C. R. I-1465, para. 51; Joined Cases C-120/06 P and C-121/06 P, Fabbrica Italian Accumulatori Motocarri Montecchio SpA (FIAMM) and others v. Council of the European Union and Commission of the European Communities, [2008] E. C. R. I-6513, para. 117;亦可见另参见 FIAMM, [2008] E. C. R. I-6513,第 127 段及后文。

⑦ 参见 Regulation (EU) No. 765/2012 of the European Parliament and of the Council of 13 June 2012 amending Council Regulation (EC) No. 1225/2009 on protection against dumped imports from countries not members of the European Community, OJ 2012 L 237, 3. 9. 2012, 1。

法律，且在欧盟法律中有法律依据：2009 年 11 月 30 日通过的关于防范非欧盟成员国倾销进口的（EC）第 1225/2009 号条例（《反倾销条例》）[①]，以及 2009 年 6 月 11 日关于防范非欧洲共同体成员国的补贴进口货物的（EC）第 597/2009 号条例（《反补贴条例》）[②]。它们允许欧盟保护其生产者免受倾销或补贴进口导致的国际市场竞争扭曲的影响。在贸易流量发生巨大变化的情况下，只要上述情况对欧盟经济有危害，欧盟可以基于欧洲议会和欧盟理事会 2015 年 3 月 11 日关于共同进口规则的（EC）第 2015/478 号条例采取保障措施。[③]

1. 反补贴法

欧盟反补贴的基本法律规定载于欧盟理事会关于防范非欧盟成员国的补贴进口货物的（EC）第 597/2009 号条例（《反补贴条例》）中。[④] 它规定了对国内产业造成损害的补贴性外国进口产品进行调查的程序以及可采取的反补贴措施。这些规定是为了抵消下列情况的消极影响，“由政府（及其代表）或公共机构给予的财政资助”向非欧盟公司、特定产业、公司集团或产业群的外国竞争者授予利益。自 2010 年起，欧盟已经提起了 9 次针对他国的反补贴诉讼。[⑤]

当局认定存在以下情况，可采取反补贴措施：

(1) 存在原产地或出口地政府（包含公共机构）的财政资助，或任何形式的收入或价格支持[⑥]并因此授予利益；

---

① 欧盟理事会 2009 年 11 月 30 日关于防止非欧盟成员的进口倾销的（EC）第 1225/2009 号条例最新修正案，OJ 2009 L 343，第 51—73 页。欧洲议会和欧盟理事会 2014 年 1 月 15 日的（EC）第 37/2014 号指令，修正了有关采取措施的程序的共同商业政策的条例，OJ 2014 L 18，第 1—51 页。另见欧盟委员会关于防止非欧盟成员进口倾销条例的提案。

② 2009 年 6 月 11 日关于保护欧盟成员免受进口补贴影响的（EC）第 597/2009 号理事会条例，OJ 2009 L 188，第 93—126 页，2014 年 1 月 15 日欧洲议会和欧盟理事会日第 37/2014 号指令修正案，修订了有关措施的程序的共同商业政策条例，OJ 2014 L 18，第 1—51 页。另见欧洲联盟委员会关于保护欧盟成员国免受进口补贴影响的欧洲议会和欧盟理事会条例的提案。

③ Regulation (EU) 2015/478 of the European Parliament and of the Council of 11 March 2015 on common rules for imports，OJ 2015 L 83/16—33.

④ Council Regulation (EC) No. 597/2009 of 11 June 2009 on protection against subsidised imports from countries not members of the European Community (Codified version), OJ 18. 7. 2009 L 188/93.

⑤ 参见欧盟委员会的文件：正在进行的调查，http://trade. ec. europa. eu/tdi/（于 2016 年 10 月 25 日访问）。

⑥ 根据《关贸总协定》第 16 条的规定。

(2)补贴是专门针对公司、产业、公司集团或产业群;

(3)欧盟的产业受损;

(4)损害和补贴性进口之间有因果关系;

(5)所采取的措施不损害欧盟的利益。

如果欧盟产业认为其因源自非欧盟成员国的补贴性进口商品受到了损害,可提起申诉,申诉需表明源自非欧盟成员国且进口至欧盟的产品受益于应抵消补贴。应抵消补贴金额根据调查期间以国内市场价格为基础,补贴接受者所获利益来计算。《反补贴条例》第 6 条规定了补贴接受者所获利益的计算方式,利益通常等于政府资助授予的好处。《反补贴条例》第 6 条第 4 款规定,如果出口国的市场价格不存在,可适用替代价格。如果没有"可以用作适当基准"的市场条件,应"适当地"调整扭曲的国内条款和条件以反映市场情况,或者也可适用其他国家市场或国际市场普遍采用的条款和条件。

此外,申诉需要表明补贴进口对欧盟产业造成了实质性损害。

与其他地方的贸易救济法不同,欧盟的贸易救济法对进口产业来说可相对容易地体现出消极影响,因为即使欧盟产业享有高利润,亦可假设存在"损害"。欧盟法律中,"损害"是指市场份额的下跌和降价。此外,委员会必须确定"是否违反了欧盟利益",这将在政治更敏感的情况下使委员会享有很大的自由裁量权。

为了避免低效生产者影响经济体系,申诉人的产品生产量必须在欧盟该产品总生产量中占主要部分时,申诉才能得到支持,根据第 597/2009 条例,其生产量不得少于欧盟该产品总生产量的 25%。信息可在保密的基础上提供,在这种情况下,申诉人的身份未经其许可不得泄露。然而,非保密的申诉必须提交,以便将其分发给有关各方。这样做是为了确保调查各方都有机会维护各自的权利。

委员会必须在收到申诉的 45 天内决定是否启动调查。如果调查(必须在 13 个月之内完成)确认了申诉的有效性,则应确定采取何种措施来抵消对欧盟产业的损害。最常见的反补贴措施为征收从价税,即按照净价、边境交货价和到岸价的比例征收的税。税率以补贴金额为基准,除非较低的税率可抵消损害(从低征税规则)。① 根据基本《反补贴条例》第 13 条,公司特定价格承诺

① 委员会现在提议废除这种做法,参见 Communication from the Commission to the European Parliament,the European Council and the Council "Towards a robust trade policy for the EU in the interest of jobs and growth",Brussels,18. 10. 2016,COM (2016) 690 final。

也可根据请求而被接受。在这种情况下，出口商承诺尊重最低进口限价(Minimum Import Prices)。为了避免不利的反竞争效应，这些承诺的内容不公开。出口国政府也可以作出承诺。一旦委员会接受承诺，该公司的产品就免除了反补贴税，否则将被征税。

确定采取措施的有效期通常为五年。但是，如果欧盟成员国和委员会认为实施反补贴措施的条件不存在了，其可在任何时候请求中期复查。这可能涉及补贴、损害、欧共体(现在的欧盟)利益(全面中期复查)，或者仅其中一方面，如补贴(部分中期复查)。仅在反补贴措施采取一年之后，相关出口商、进口商、出口国政府或欧盟生产商均可要求中期复查。另一种情况是，欧盟产业可以因损害补贴的增加从而要求增加所征收的税收。

一旦反补贴措施适用结束，欧盟产业利益方可要求委员会进行终期复查，以确认终止反补贴措施是否可能再次导致损害。若其请求成功，反补贴措施可再实施五年。替代性方案是支付反补贴税的一方请求成功，即只要他们能证明认定实施反补贴措施的条件已经发生了改变，其可要求退税。①

2.反倾销法

欧盟的反倾销法规载于关于防范非欧共体成员国倾销进口的(EC)第1225/2009号条例②(“基本条例”，《反倾销条例》)。

委员会负责调查非欧盟国家出口生产商的倾销案件。它通常在收到相关产品的欧盟生产商的申诉之后开始启动调查，但亦可主动调查。

在以下情况下，欧盟可启动调查：

(1)有关国家的出口生产商存在倾销；

(2)欧盟产业遭受实质性损害；

(3)倾销和损害之间存在因果关系；

(4)所采取的措施不违反欧盟利益。③

根据欧盟法，如果出口至欧盟的产品出口价格低于正常价格，该出口商品就会被认定为倾销。出口价格和正常价格之间的差价即为倾销幅度，其应当

---

① 另见委员会关于反倾销税退税的通知，OJ 2014 C 164/9；见表格 http://trade.ec.europa.eu/doclibdocs2014/november/tradoc_152901.pdf(于2016年10月25日访问)。

② 2009年11月30日欧盟理事会(EC) No.1225/2009号条例关于防止非欧盟成员国的进口倾销，OJ 2009 L 343/51，22.12.2009.

③ 委员会须在45之内决定拒绝或接受申诉。调查不得超过15个月。

由调查主管部门（即欧盟委员会）在公平比较[①]出口价格和正常价格之后确定。

正常价格通常是指出口国产品的市场价格。如果不销售或没有代表性销售，或没有足够的销售量，产品的正常价格基于出口国的生产成本加上合理的销售费用、一般费用和管理费用以及合理的利润来计算。《反倾销条例》第2条第3款[②]规定，“在特殊的市场情况下”，国内价格和成本可被忽略，正常价格可根据推定价值（constructed value）或第三国的成本价格来计算。委员会通常采用推定价值的方法。[③] 推定价值是假设推定出来的数额；因此这赋予委员会很大的自由裁量权。所以，反倾销诉讼的最终裁决可能基于委员会的假设推定，这并不总是有利于出口商。[④]

仅存在倾销并不必然导致反倾销措施，还必须对生产类似产品的欧盟产业产生不利影响（“实质性损害”）。在这种情况下，委员会审查倾销进口的数量和价格以及它们对欧盟产业的影响，例如市场份额的下跌、产量下降、利润减少、投资回报率下跌、资本增值能力下降或增长放缓。当然，在实质性损害和倾销进口之间必须存在因果关系。

如果调查[⑤]证实存在上述情况，委员会可征收反倾销税来抵消倾销的损害。每个案例的税率以倾销幅度为基准，除非较低的税率即可抵消损害（从低征税规则）。与反补贴申诉相同，有三种基本类型的税收（从价税、从量税和不

---

① 因此，可做相关调整以确保正常价格和出口价格具有可比性。根据《反倾销条例》第2条第10款，委员会在调整正常价格和出口价格方面有很大的自由裁量权。即使会有实际困难和时间限制，委员会也必须秉持公平公正的原则。利害相关方，通常指要求调整的欧盟生产商，承担举证责任。

② 另参见《反倾销条例》第2条第5款，当没有提供资料（包括源自其他代表性市场的资料）或所提供的资料不可用时，或“与被调查产品的生产和销售有关的成本不能在当事人的记载资料中合理地反映出来”，正常价格的确定可以“基于同一国的其他生产商或出口商的成本”从而独立于出口商提供的资料。

③ Ivo Van Bael and Jean-François Bellis, EU Anti-Dumping and other Trade Defence Instruments. 5th ed. Alphenaan den Rijn: Kluwer Internationa, 2011: 59.

④ Ivo Van Bael and Jean-François Bellis, EU Anti-Dumping and other Trade Defence Instruments. 5th ed. Alphenaan den Rijn: Kluwer Internationa, 2011: 60. 另见委员会与议会和理事会等的沟通文件，“Towards a Robust Trade Policy for the EU in the Interest of Jobs and Growth”，布鲁塞尔，2016年10月18日，COM (2016) 690 final。

⑤ 流程图概述请见 http://trade. ec. europa. eu/doclibdocs2013/april/tradoc_151020. pdf（于2016年10月25日访问）。

超过最低进口价的差价税)。然而,在符合欧盟利益的情况下,采取反倾销措施来抵消倾销产品的损害只能由委员会确定。

采取措施的期限为五年,但如果认定反倾销措施的条件发生了实质变化,当事方可申请复查。同反补贴措施的情况一样,当事方可申请终期复查以及全额退税或部分退税。

3.保障措施

根据(EU)第2015/478号条例①,保障措施适用于不能预见的发展导致的进口产品数量激增。这与《关贸总协定》和《WTO协定关于保障措施》第19条的规定是一致的。欧盟对保障措施使用有限;其中一个罕见的例子发生在2002年,其对钢铁采取了保障措施。② 主要原因之一是采取保障措施必须基于非选择(最惠国待遇)原则③,正如美国在钢铁案④中吸取的教训,其观点与包括巴西、中国、欧盟、日本、韩国、新西兰、挪威和瑞士在内联合起诉的观点是违背的。因此,不能对源自某一国的进口产品排他性地实施保障措施。

保障措施应给予产业一定的补救机会进行必要的调整;因为触发实施保障措施的并不都是不公平贸易,其实施条件更严格。调查机构(即欧盟委员会)必须证明进口增加是急剧的,由于不可预见的发展导致的,以及与反倾销措施和反补贴措施要求的实质性损害相比,其要求的对国内产业造成的严重损害(或造成威胁)程度更高。最后,仅在保障欧盟利益时,才适用保障措施。如果产品的进口趋势给欧盟生产商造成了危害,进口可能会受到监管。

五、标准:技术性贸易壁垒(TBT)/卫生和植物卫生措施(SPS)

1.简介

欧盟及其成员国全面详细地规定了商品上市必须满足的条件这些条件确保了商品的安全性和可靠性(例如,规定儿童玩具中不能含有何种化学物质,或罐头花生中何种细菌是不可接受的)。

大多数的技术标准是由成员国发布的:单一市场确保在一个成员国中合

---

① Regulation (EU) 2015/478 of the European Parliament and of the Council of 11 March 2015 on common rules for imports,OJ 2015 L 83/16—33.

② Commission Regulation (EC) No. 1694/2002 of 27 September 2002 imposing definitive safeguard measures against imports of certain steel products,OJ 2002 L 261/1.

③ 详见《保障协定》第2.2条。

④ 美国钢铁保障措施案,案件编号DS248,249,251,252,253,254,258,259。

法销售的产品在欧盟内自由流通。[①] 然而,根据所谓的"新立法框架"[②],欧盟已经颁布了以下方面相关的法规和指令:玩具安全、可运输压力设备、电子和电子设备中危害物质的限制、建筑产品、烟火制品、娱乐用船和私人船艇、民用爆炸物品、简单压力容器、电磁兼容性、非自动称量仪器、测量仪表、电梯、防爆标准、无线电设备、低压设备、航海设备、索道装置、个人防护设备以及燃气装置。[③]

欧盟产品规则的基本原则是无论商品的来源如何[④],如果其在欧盟市场上流通,都必须符合有效的欧盟法规规定。因此,源自非欧盟成员国的产品必须根据"自由流通放行"程序提交至海关。这是为了保证在外国产品到达欧盟终端用户之前完成进口手续。

海关主管部门和市场监管部门有义务和权力基于风险分析,检查源于第三国的产品,并在其自由流通放行之前酌情干预,无论其何时被投放至欧盟市场。欧盟有关立法规定了进口商的特殊作用:它们规定了进口商的义务,这也在某种程度上反映了欧盟生产商的义务。

如果商品是从非欧盟成员国进口的,授权代表可以生产商的名义开展很多工作。如果第三国生产商的授权代表给欧盟内的分销商或消费者供应商品,则他不再仅仅是授权代表,而成为进口商,应履行进口商的义务。

在(影响工业产品的)技术法规方面,中国和欧盟建立了一个网络,可快速获取相关标准。[⑤]

---

① Rs. 120/78 Rewe-Zentral AG Gegen Bundesmonopolverwaltung für Branntwein (Cassis de Dijon),[1979] 649,para. 8.

② 2008年7月9日,欧洲议会和欧盟理事会(EC)第765/2008号条例规定了与产品销售有关的认证和市场监督要求,并废除了(EEC)第339/93号条例,OJ 2008 L 218,13.8.2008,第30—47页;2008年7月9日欧洲议会和欧盟理事会第768/2008/EC号指令关于产品销售共同框架,废除了欧洲议会第93/465/EEC号指令,OJ 2008 L 218,13.8.2008,第82—128页;2008年7月9日欧洲议会和欧盟理事会(EC)第764/2008号指令关于将某些国家技术规则适用于另一成员国合法销售的产品的程序,并废除了第3052/95/EC号指令 OJ 2008 L 218,13.8.2008,第21—29页。

③ 全面概述详见 https://ec.europa.eu/growth/single-market/goods/new-legislative-framework_en(于2016年10月25日访问);另见欧盟委员会2016年关于实施欧盟产品规则的"蓝色指南",Commission Notice,The "Blue Guide" on the implementation of EU products rules 2016 OJ 2016 C 272/1。

④ 注意:在欧盟生产的产品和源自非欧盟的产品享受同等待遇。

⑤ 参见 https://webgate.ec.europa.eu/cesip/Index.aspx(于2016年10月25日访问)。

2.例子:商品进口

《WTO卫生和植物卫生措施协定》卫生或植物检疫措施的附件A(1),“包括所有相关的法律、法令、条例、规定和程序,其中包含最终产品标准;加工和生产方法;测试、检验、认证和认可程序;包括与动植物运输或在运输途中动植物生存所需条件有关的要求在内的检疫处理;有关统计方法、取样程序和危险评估方法的规定;与食品安全直接相关的包装和贴标签要求”,旨在:

(1)保护成员国境内动植物生命或健康,免于因瘟疫、疾病、带病细菌或致病细菌的侵入、形成或传播而产生的危险;

(2)保护成员国境内人类或动物的生命安全或健康,免于因食品、饮料或饲料中的添加剂、污染物、毒素或致病细菌而产生的危险;

(3)保护成员国境内人类生命安全或健康,免于因动物、植物或产品中携带的疾病、瘟疫的侵入、形成或传播而产生的危险;

(4)防止或限制成员国境内因瘟疫的侵入、形成或传播而产生的其他损害。

欧盟是世界粮食和饲料、植物、水果、动物(产品)的主要进口国之一。它旨在建立非常高的食品安全和动物福利标准,并采取预防原则;因此,在转基因和其他新型食品方面,欧盟非常谨慎。

非欧盟生产商面临着一个高度复杂的有关食品、饲料、植物、动物和农产品的法律制度。不符合这些实质性要求将造成严重且明显的后果。由于这些产品可能造成不利影响,欧盟设立了一个关于活体动物、动物制品和植物的强有力的进口管控制度。

其他产品如不通过特定边界实体进行传递,进入单一市场时无须接受强制性检查。①

虽然法律制度很复杂,但适用的法规很容易找到②:一个非常有用的在线

---

① 一个显著的例外是非动物源性的食品和饲料,由于存在确定的风险,暂时受到强制性边界管制[即以下条例所列产品:Commission Regulation (EC) No. 669/2009 of 24 July 2009 implementing Regulation (EC) No. 882/2004 of the European Parliament and of the Council as regards the increased level of official controls on imports of certain feed and food of non-animal origin and amending Decision 2006/504/EC,OJ 2009 L 194,25. 7. 2009,11]。

② 相关规定可参见:http://ec. europa. eufoodsafety/international_affairs/trade/index_en. htm(于2016年10月25日访问)。

工具使进口商迅速获得其合法进口的适用要求。[1]

欧盟关于食品法的基本原则和要求的立法可追溯到 2002 年，其成立了欧洲食品安全局（EFSA），阐明了食品安全方面的程序，且不断进行修订和调整。[2] 无论用于人类消费还是动物消费，理应通过制定食品和饲料安全的要求来确保食物质量。欧洲食品安全局为食品和饲料的科学测试和评估提供支持。

因为食品立法适用于食物链的各个阶段，食品企业必须：

（1）确保食品、饲料和食用动物信息在生产和分销各个阶段的可追溯性；

（2）如果产品被认定对身体有害时，应立即收回市场上的食品或饲料，或召回已供应的产品；

（3）如果必要的话，通知主管机构和消费者。

欧洲食品安全局负责协调风险评估，确定新出现的风险并就危机管理提供咨询。若在进行健康风险分析后确定了风险，欧盟成员国和欧盟委员会可采取临时预防措施。

除了这些一般规则外，欧盟法令还包括特别规则：

（1）商品上和食品中的残留物、农药、兽药和污染物标准；

（2）转基因食品和饲料、生物蛋白质和新型食品规则；

（3）一些特定食物产品（如矿泉水、可可、速冻食品等）以及针对需要特别保护的消费者（如婴儿、儿童）的食品；

---

① 参见 http://exporthelp.europa.eu/thdapp/display.htm?page=form/form_MyExport.html&docType=main&languageId=EN（于 2016 年 10 月 25 日访问）。

② 2002 年 1 月 28 日欧洲议会和欧盟理事会（EC）第 178/2002 号条例规定了食品法的一般要求和原则，设立了欧洲食品安全管理局，并规定了食品安全事项的程序（OJ 2002 L 031，1.2.2002，第 1—24 页）。2014 年 5 月 15 日欧洲议会和欧盟理事会（EU）第 652/2014 号条例修改了该条例，规定了食物链、动物健康和动物福利以及植物健康和植物生殖材料有关的支出管理，修订了理事会第 98/56/EC 号、第 2000/29/EC 号和第 2008/90/EC 号指令，欧洲议会和欧盟理事会（EC）第 178/2002 号，（EC）第 882/2004 号和（EC）第 396/2005 号条例，第 2009/128/EC 号指令和（EC）第 1107/2009 号条例废除了理事会指令 66/399/EEC、76/894/EEC、2009/470/EC。另参见 2004 年 4 月 29 日，欧洲议会和欧盟理事会（EC）第 852/2004 号条例关于食品卫生，OJ 2004 L 139，30.4.2004，第 1 页，已修订。参见 2009 年 3 月 11 日（EC）第 219/2009 号条例关于将《条约》第 251 条所述程序适用的文书与理事会指令 1999/468/EC 中关于严格审查的管制程序的规定，OJ 2009 L 87，31.3.2009，第 109 页。

(4)有特殊营养目的的饲料和复合饲料应满足的市场和标签要求;

(5)与食品接触的材料的一般规则。

如果在非欧盟国家出现了可能对人类、动物健康或环境构成严重风险的问题,欧盟可采取保护措施,不管是实施特殊规定还是暂停从有关国家或地区进口产品。

旨在进口的植物和植物产品(包括水果、蔬菜和木制品)必须符合欧盟关于植物卫生立法的要求①,但不要求进口许可证。在一定程度上,欧盟已经对其控制进行了外部化:出口国主管机构(即各自的国家植物保护组织)进行检查和认证以符合欧盟要求。

植物和植物产品出口至欧盟必须:

(1)附有出口国有关主管部门出具的植物健康证明;②

(2)进入欧盟时进行海关和植物检疫;

(3)由进口商通过在欧盟成员国的正式登记处注册来进口产品;

(4)在入境到达海关之前进行公告。

---

① 参见 http://ec. europa. eufoodplant/plant_health_biosecurity/non_eu_trade/index_en. htm(于 2016 年 10 月 25 日访问)。

② 参见 Council Directive 2000/29/EC of 8 May 2000 on protective measures against the introduction into the Community of organisms harmful to plants or plant products and against their spread within the Community, asamended, OJ 2000 L 169/1, 10. 7. 2000。第 13 条也规定,源自第三国和列于附件 4 中的植物、植物产品或其他产品应“符合附件中的相关特殊要求,或如适用,符合第 13a(4)(b)条中证书所声明的选项”。也可参见 http://ec. europa. eu/food/plant/docs/ph_biosec_trade-non-eu_decl_phyto_certificates. pdf(于 2016 年 10 月 27 日访问)。

第三章 欧盟的外商直接投资

欧盟原先的运行目标是创建所谓的内部市场，即“一个无内部边界的区域，在此区域内，货物、人员、服务和资本的自由流动由两部条约的条款予以保障”。[①]《罗马条约》的目的不是创建投资制度。然而，在过去几个世纪的竞争对手之间创造一个关系紧密的联盟是一个宏伟的计划，很明显，如果这个计划可以冲破重重阻碍从而取得成功，欧盟将成为优先的投资目的地。尽管目前的情况令人不快，如英国脱欧和主权债务危机。但欧盟已成为强大的经济力量，吸引了包括中国在内的世界各地的重大投资。

在向读者介绍与欧盟境内投资相关的基本法规时，有必要快速查看内部市场的规范基础。内部市场由“基本自由”(货物、人员、服务和资本的自由流通)和非常严格的竞争规则(相关法律规定在《欧洲联盟运行条约》第 101 条及以下条款中)构成。[②] 但是，各成员国之间的监管仍存在很大差异，导致了对基本经济自由不容忽视的限制。然而，欧盟立法者，更明确地说，欧洲法院一直不断地减少障碍来创建一个真正的单一欧洲市场，由各成员国(通常是出于合法公共目的)充分享有完整的基本自由。这种高度的经济一体化对于第三国投资者来说是有高价值的：货物生产商和服务提供商被吸引到这个具有 4 亿中产阶级消费者的市场中，建立商业据点。因为他们知道，一旦在 28 个成员国中的其中之一建立了据点，他们就可以充分利用欧盟内部市场提供的机会。

---

① 《欧洲联盟运行条约》第 26 条第 2 款。

② 参见委员会网站，了解有关竞争规则的不同领域(如反垄断、卡特尔、兼并和国家援助)法案的概述：http://ec.europa.eu/competition/index_en.html。值得注意的是，现在许多行业开放了竞争，例如电力、天然气、航空和铁路运输以及电信行业。

尽管进入欧盟内部市场是做出是否在欧盟进行投资的关键因素，但是根据特定东道国的法律法规，实际的投资发生在成员国。即使欧盟法律是每个成员国法律秩序的组成部分①，但是，国内的法律秩序仍然是东道国所有经济和其他活动的基础。因此，各东道国的法律制度（包括在东道国和第三国之间生效的双边投资保护协定）②的优缺点，以及它们的行政实践对于每个试图进入欧盟的第三国投资者而言仍然是至关重要的。本章没有探讨这些因素，而重点关注了欧盟宪法中对对内投资及其双边投资保护协定实践方面的规制。

一、欧盟和国内投资法的关系

规范欧盟及其成员国关系的最基本原则是授权原则，规定在《欧洲联盟运行条约》第 5 条第 2 款，“联盟仅在两部条约赋予它的职权范围内行动，以实现两部条约规定的目标”。未赋予联盟的权能属于成员国所有。关于欧盟投资法，欧盟已被赋予许多权能，如资本流动以及在欧盟内部建立经济运营商和其他投资相关领域的权利。《欧洲联盟运行条约》第 64 条第 2 款规定了规制外国投资和建立单一市场最相关的法律基础。目前为止，欧盟二级法律尚未建立一般规则来协调来自第三国的资本的自由流动。但是，公平地说，欧盟在投资相关领域行使的权能越多，欧盟二级法律对以下两方面的调整会越多：与第三国投资者相关的大量主题领域（如投资基金规则）以及在此过程中第三国经济运营商的待遇。③ 欧盟立法者特别强调了金融服务行业、资本流动的特定层面和金融市场的支付。④

---

①　其依据重要决议 ECJ，5. 2. 1963 和案件 Case C-26/62 van Gend & Loos，ECR 00001，第 25—26 页而建立。

②　关于中国，请参见 http://investmentpolicyhub. unctad. org/IIA/CountryBits/42（2016 年 5 月 25 日访问）。

③　参见 2009 年 7 月 13 日欧洲议会和欧盟理事会指令 2009/65/EC 协调与可转让证券集体投资相关的法律、法规和行政规定（UCITS），OJ 2009 L 302，32—96；第 1060/2009/EC 号条例关于机构的信用分级，第五条，OJ 2009 L 302/1。

④　简单列举：2014 年 5 月 15 日欧洲议会和欧盟理事会指令 2014/65/EU 关于市场金融工具，OJ 2014 L 173，349—496；2009 年 7 月 13 日欧洲议会和欧盟理事会指令 2009/65/EC 协调与可转让证券集体投资相关的法律、法规和行政规定（UCITS），OJ 2009 L 302，32—96；2011 年 6 月 8 日欧洲议会和欧盟理事会指令 2011/61/EU，另类投资基金管理人指令（AIFMD），OJ 2011 L 174，1—73；2012 年 7 月 4 日欧洲议会和欧盟理事会（EU）第 648/2012 号条例场外衍生品、中央交易对手和贸易仓库（EMIR），OJ 2012 L 201，1—59。

欧盟管理的其他投资相关领域包括竞争和税收政策、土地、航空、海运和内河运输服务以及能源部门。但是整体上的欧盟经济法是吸引欧盟境内投资者的决定因素，从确定增值税税率的措施到消费者保护、人身健康[①]和就业法，再到反垄断法规。一个令人困惑但又非常重要的部分是特定成员国的法律和管理环境：卢森堡的境内投资要多于塞浦路斯，尽管二者都是欧盟的组成部分。因此，了解某个成员国的特定情况对投资至关重要。

1. 欧盟法律框架（资本的自由流动）

欧盟经济的基本自由（如货物、服务和人员的流动自由、个人和公司的设立自由）通常授权给在欧盟建立的或持有成员国公民身份的自然人或法人。相比之下，《欧洲联盟运行条约》第 63 条规定的基本自由仅指明确涵盖非欧盟（第三国）受益人的基本自由，尤其是投资者，不论他们是否在欧盟成立。《欧洲联盟运行条约》第 63 条第 1 款如下："在本章框架内，禁止对成员国之间及成员国与第三国之间的资本流动施加任何限制。"

欧洲法院认为，《欧洲联盟运行条约》第 63 条第 1 款[②]所述的即为真实意思表示：因此，欧盟宪法授权国外投资者根据一般国际法而大大减少面临任何国家保留权利的风险。相反，如果缺少特定的约束，国家没有义务允许投资，甚至可以规制和限制对内投资。

什么是"资本流动"？《欧洲联盟运行条约》没有给出这个术语的定义，而且有趣的是，欧洲法院迄今为止也没有给出教科书式的定义。但是，欧洲法院以委员会第 88/361/EEC 号指令所设立的命名法为基础制定了丰富的判例法。[③] 甚

---

① 2006 年 12 月 18 日欧洲议会和欧盟理事会（EC）第 1907/2006 号条例关于建立欧洲化学品机构的化学品登记、评估、授权和限制规则（REACH），修改第 1999/45/EC 号指令，并废除了欧盟委员会条例（EEC）第 793/93 号、理事会条例（EC）第 1488/94 号、理事会指令 76/769/EEC 和委员会指令 91/155/EEC、93/67/EEC、93/105/EC 和 2000/21/EC，OJ 2006 L 396，1—849。

② ECJ，14. 12. 1995，Joined Cases C-163/94，C-165/94 and C-250/94，Sanz de Lere and Others，ECR I-4821，para. 19，and ECJ，23. 2. 2006，Case C-513/03，van Hilten-van der Heijden v. Inspecteur van de Belastingdienst，ECR I-1957，para. 37.

③ 参见 ECJ，27. 1. 2009，Case C-318/07，Persche v. Finanzamt Lüdenscheid，ECR I-359，para. 24；ECJ，3. 10. 2006，Case 452/04，Fidium Finanz AG v. Bundesanstalt für Finanzdienstleistungsaufsicht，ECRI-9521，para. 41. 另参见 Georg Ress and Jörg Ukrow in Eberhard Grabitz，Meinhard Hilf，Martin Nettesheim（eds），Das Recht der Europäischen Union：EUV/AEUV（Vol. I）. München：Beck，2013，Article 63 AEUV，para. 29. Wolfgang Kiemel in Hans von der Groeben and Jürgen Schwarze（eds.），EUV/EGV（Vol. I）. München：Beck，2003，Article 56 TEC，para. 41.

至在取代了上述法律法令基础的《马斯特里赫特条约》生效之后，这些判例仍然适用。指令详述了以下12个类别：(1)直接投资；(2)房地产投资；(3)资本市场中正常运作的证券业务；(4)集合投资计划的单位业务；(5)货币市场上的证券和其他工具；(6)金融机构中的活期存款账户和定期存款账户；(7)与商业交易相关的信贷或提供居民参与的服务；(8)金融贷款和信贷；(9)担保、其他保证以及质押权；(10)履行保险合同的转移；(11)个人资本流动；(12)金融资产的实物进出口。

关于直接投资，决定性标准是"有效参与公司管理或控制的可能性"，由欧洲法院视情况进行定义。① 通过建立或保持提供资本的个体和进行经济活动的企业之间直接联系的股票或持有证券，以及设立或参与企业的长期贷款，这个概念与设立、扩展和参与新的或现存的企业密切相关。② 但是，欧洲法院通常采用10%的参与控制权来表明投资者有"有效参与公司管理及其控制的可能性"。③

为了符合欧洲法院对基本自由的全面法理阐释，资本流动的基本自由被解释为一般禁止性措施以免资本流动不断减少，因此其明确超越了消除以国籍为由的不平等待遇。④ 对于非欧盟投资者，欧洲法院认为，互惠互利和维持成员国和第三国之间的谈判杠杆不是限制的理由。⑤ 但是，事情并未结束：首

---

① 参见 ECJ，4.6.2002，Case C-367/98，Commission v. Portugal，ECR I-4731，第37—39段："第88/361号指令附件1组合命名税则目录中第1点和第3点以及该附件中出现的解释性注释表明，以资本市场上的股份持有或购买证券为企业参与形式的直接投资构成《欧洲联盟运行条约》第63条所指的资本流动的含义。解释性注释表明，直接投资的特点尤其表现为有效参与和控制企业经营权的可能性。鉴于这些考虑，有必要考虑以下立法：(1)禁止其他成员国的投资者获得超过某些葡萄牙企业指定数额的股份；(2)要求由葡萄牙事先授权，以在某些葡萄牙企业获得超过指定水平的控股权，构成对成员国之间资本流动的限制。"

② Angelos Dimopoulos，EU Foreign Investment Law. Oxford：Oxford University Press，2011：38.

③ 参见 ECJ，10.2.2011，Case C-436，437/08，Haribo v. Finanzamt Linz，ECR I-305，第137段："已经认定，如果所获取的公司股份不是为了在股东和该公司之间建立或维持持久和直接的经济联系，以及不允许股东有效参与公司的管理和控制，则不能视为直接投资(Test Claimants in the FII Group Litigation，第196段)。由于本问题所涉及的立法仅涉及公司发行股份中不足10%的股份，因此不得超出《欧洲联盟运行条约》第64条第1款的适用范围。"另参见 ECJ，4.6.2002，Case C-367/98，Commission v. Portugal，ECR I-4731，第37—39段："虽然《条约》没有界定支付和资本流动，但是第88/361号指令及其所附的组合命名税则目录可用于定义资本流动的构成要素。"(Case C-222/97 Trummer and Mayer [1999] ECR I-1661，第20和21段)

④ 参见 ECJ，4.6.2002，Case C-367/98，Commission v. Portugal，ECR I-4731，para. 44.

⑤ 参见 ECJ，18.12.2007，Case C-101/05，Skatteverket v. A.，ECR I-11531，para. 37—38.

先，《欧洲联盟运行条约》第 64—66 条规定了多数例外制度，此制度与《欧洲联盟运行条约》第 63 条所保护的自由的广泛适用领域是相称的。①

这包括维持 1993 年 12 月 31 日前即已存在的国家限制（或给予其特权）。因此，投资者仍然希望看到潜在东道国的适当的资本管制制度。

欧盟层面的财政协调措施相当匮乏。《欧洲联盟运行条约》第 65 条第 1 款第(1)项规定了区别对待不同居住地的纳税人，这可能通过不利的税收待遇导致对外国投资的歧视。

---

① 第 64 条：

1. 第 63 条不影响 1993 年 12 月 31 日前即已存在的，根据关于流入或来自第三国的涉及直接投资（包括房地产投资）、设立商业机构、提供金融服务或允许证券进入资本市场等方面的国内法或联盟法规定的任何限制对第三国的适用。就保加利亚、爱沙尼亚和匈牙利三国根据国内法实行的限制而言，相应的日期为 1999 年 12 月 31 日。

2. 努力实现成员国与第三国之间资本自由流动的目标，并且在不影响两部条约其他各章的前提下，欧洲议会和理事会应根据普通立法程序，就涉及流入或来自第三国的直接投资（包括房地产投资）、设立商业机构、提供金融服务、允许证券进入资本市场等方面的资本流动制定措施。

3. 尽管有本条第 2 款的规定，但只有理事会才可以在咨询欧洲议会后，以一致通过的方式，根据一项特别立法程序，在涉及流入或来自第三国的资本流动方面制定构成联盟法上让步的措施。

第 65 条：

1. 第 63 条不影响成员国的以下权利：

(1)适用其税法中区别对待不同居住地或投资地的纳税人的相关规定；

(2)采取一切必要措施，防治违反本国法律或法规中规定的国内条款，特别是在税收或对金融机构的谨慎监管方面，制定为行政管理或统计信息之目的而对资本流动进行申报的程序，或者基于公共秩序或公共安全考虑采取的措施。

2. 本章不影响符合两部条约的对有关开业权限制的适用性。

3. 本条第 1 款和第 2 款中提及的措施和程序不构成对第 63 条规定的资本与支付自由流动的任意性歧视或变相限制。

4. 如不存在第 64 条第 3 款规定的措施，委员会可通过一项决定，或者在委员会在有关成员国提出请求后 3 个月内未作出决定的情况下，理事会可通过此类决定，来认定某一成员国针对另一个或多个成员国的税收限制措施符合两部条约，其所依据的理由应是这些措施符合联盟目标，并与内部市场的良好运行并行不悖。理事会应根据某一成员国的请求以一致方式采取行动。

第 66 条：

在特殊情况下，如流入或来自第三国的资本流动对经济与货币联盟的运行造成严重困难或威胁，理事会可根据委员会提议，咨询欧洲中央银行体系，在确有必要的情况下，制定针对第三国的不超过 6 个月的保障性措施。

《欧洲联盟运行条约》第 65 条第 1 款第(2)项规定,采取一切必要国家措施,以防止违反本国法律和法规中对税收和金融机构谨慎监管的规定,以及基于公共政策或公共安全考虑采取措施。① 例如,资本自由流通不限制成员国以对外部门统计为目的,要求跨境贸易报告(如超过一定限额的证券流动、现金流动和电子支付)的权利。可基于其他重大的一般利益原则采取限制措施,如保障能源供应②、保护消费者③、保护国家金融体系良好声誉④或保障养老基金管理资产的稳定性和安全性。⑤ 有关第三国投资者现行法律框架的一个重要影响是各国针对外国投资或战略性公司或行业投资的审查机制存在分歧,这些机制通常被认为是针对战略性领域投资的感知风险而采用的。例如,波兰于 2015 年通过的《控制特定投资的法案》,为国防、能源、电信和化工领域的某些投资建立了审查机制。

欧洲法院对资本自由流动的一般解释,乍看之下,对第三国投资者并非有利,原因如下:影响投资的措施往往影响到其他基本自由所涵盖的活动,但其他基本自由不会使第三国国民受益。例如,通过建立或购买工厂投资某一欧盟成员国涉及资本流动自由和设立自由。妨碍这种投资的成员国措施通常不是针对投资本身,而是侧重于设立条件,此条件始于公司管理结构的要求,而不以生产过程的规则为结束。鉴于将所有受影响的基本自由的保护范围扩展到如此大的范围是可行的,欧洲法院裁定,适当的标准通常将被完全限定在基本自由中,此基本自由最符合激励该措施(重心测试法)的政府利益。⑥ 如果这不是根据《欧洲联盟运行条约》第 63 条对资本流动的规定⑦,则此项基本自由将不可避免地无法由第三国投资者享有。值得注意的是,在某些情况下,尽

① ECJ,28. 10. 1975,Case C-36/75,Rutili v. Minister for the Interior,ECR 1219;ECJ,12. 01. 1999,Case C-348/96,Calfa,ECR,I-00011.

② ECJ,02. 06. 2005,Case C-174/04,Commission v. Italy,ECR 4933.

③ ECJ,05. 10. 2004,Case C-442/02,para. 21,Caixa-Bank France v. Ministère de l'Economie,ECR 8961.

④ ECJ,10. 05. 1995,Case C-384/93,para. 44,Alpine Investments,ECR I-1141.

⑤ ECJ,21. 12. 2011,Case C-271/09,Commission v. Poland,ECR I-13613.

⑥ ECJ, 12. 9. 2006, Case C-196/04, Cadbury Schweppes plc and Cadbury Schweppes Overseas Ltd v. Commissioners of Inland Revenue,ECR I-7995,paras. 31—34;ECJ,13. 3. 2007, Case C-524/04, Test Claimantsin the Thin Cap Group Litigation v. Commissioners of Inland Revenue, ECR I-2107, para. 34; ECJ, 10. 5. 2007, Case C-492/04, Lasertec Gesellschaft für Stanzformen MBH v. Finanzamt Emmendingen,ECR I-03775,para. 24et seq.

⑦ E. g. ,ECJ,23. 11. 1978,Case 7/78,Thompson,ECR 2247,para. 19,etc.

管在《欧洲联盟运行条约》第 63 条第 1 款中做出了最初承诺,由于基本自由的冲突,第三国投资者的权利也可能受到威胁,或无法享受。欧洲法院已拒绝更改其对第三国投资者利益的法律分析。① 但是,在公平的情况下,应当强调,在审查适用收购公司股份的基本自由时,欧洲法院只适用设立自由,投资者实际上可对其他方面进行控制。② 如果这样的实际控制没有实现,欧洲法院适用的合适标准是保护第三国投资者的资本自由流动。是否实施控制要根据具体情况来评估,且很大程度上是事实驱动的。简而言之,若持有股权超过35%,实际控制是意料之中的;从最低层面来说,欧洲法院已(例外地)接受持有公司 5%股权情况下的有效控制。③

2.欧盟和国内双边投资条约的关系

欧盟明确地将外商直接投资纳入《欧洲联盟运行条约》第 207 条规定的共同商业政策中,对始于 1990 年的发展划上临时的句号。尽管缺乏明确的权能,那时的欧盟开始在其贸易协定中强调投资相关的规定和章节,在实践中这些协定总被作为已提及的混合协定来缔结,这一实践尚未得到法院的全面认可。但是,投资保护协定(双边投资保护协定,BITs)仅能由各成员国(而非联盟)缔结。因此,2009 年以前,欧盟不能参与投资法领域的条约行动:创始条约当然未包含"投资"一词,且没有赋予欧盟明确的权能来缔结投资保护协定。

但是,自由贸易协定通常被作为混合协定来缔结的,即一方为欧盟及其成员国,另一方为第三国。2009 年 12 月 1 日后,欧盟委员会声称,相关章节属于欧盟的管辖范围。对于外商直接投资,根据《欧洲联盟运行条约》的措辞,这似乎是非常明显的。较不明确的是,欧盟是否对所有投资相关方面都具有全面权能。这个争议的原因是许多国际文件区分了外商直接投资和间接投资,间接投资指的是专属的金融利益的投资(投资组合)且并不旨在经营目标公司。《欧洲联盟运行条约》第 207 条仅赋予了对前者的权能,而非后者。目前为止,

---

① ECJ,13. 3. 2007,Case C-524/04,Test Claimants in the Thin Cap Group Litigation v. Commissioners of Inland Revenue,ECR I-2107,para. 104.

② 据称这是一个区别间接投资和直接投资的不同标准。

③ ECJ,26. 3. 2009,Case C-326/07,Commission v. Italy,ECR I-2291,para. 38;另一方面,持有公司 10%股权并不视为接受完全控制的理由,因而仅适用设立自由:ECJ,12. 12. 2006,Case C-446/04,Test Claimants in the FII Group Litigation v. Commissioners of Inland Revenue,ECR I-11753,第 33 段及以下。

似乎大多数学者认为欧盟对间接投资也具有权能。有些人举重明轻，认为自2009年缔结的关于外商直接投资的协定中的权利也包含间接投资。[①] 其他人认为，根据欧洲法院欧洲公路运输协定[②]判例的法理阐释，欧盟享有对外专属权能，如今规定在《欧洲联盟运行条约》第3条第2款。根据此规定，若缔结某项国际协议对于欧盟对内权能是必需的，或缔结某项国际协议可能影响共同规则或改变其适用范围的情况下，欧盟具有缔结此类国际协议的专属权能。随着欧盟在金融服务领域的全面立法（见下文），尤其是在2008年后作为对全球金融危机和欧洲主权债务危机的反应，任何不由欧盟缔结的国际协议将危及其有效利用对内权能，或"影响（欧盟的）共同规则或改变其适用范围"。

在折中解决方案中，于2013年初各成员国、欧盟委员会和欧洲议会一致同意制定了关于成员国双边投资保护协定地位的条例。[③] 它确认现有双边投资条约的有效性，直至被欧盟缔结的条约所取代。[④]《里斯本条约》生效后签订的非欧盟地区的双边投资保护协定将由欧盟委员会进行审查，以保证与欧盟法律的一致性。若经委员会的批准，由成员国未来缔结的双边投资保护协定不被排除，委员会也可要求成员国在其谈判的条约中纳入相关条款，以确保符合欧盟法律。鉴于坚持《欧洲联盟运行条约》第352条中包含的"有约必守原则"，此法规认可了现行双边投资保护协定的持续有效性，如果有关双边投资保护协定的规定构成未来欧盟谈判的"严重障碍"，法规规定了"进行协商"的义务。然而，即使这种协商将涉及有关条约的终止或重新谈判，常规的日落条款将根据终止条约的确定期限（即通常为未来的10年左右）以确保对第三国的持续性保护。

---

① 在这层意义上，参见 Frank Hoffmeister and Günes Ünüvar，From BITs and Pieces towards European Investment Agreements. Marc Bungenberg，August Reinisch and Christian Tietje (eds.)，EU and Investment Agreements. Baden-Baden：Nomos，2013：57－66。

② ECJ，31. 3. 1971，Case 22－70，Commission v. Council，ECR 263.

③ 2012年12月12日，欧洲议会和欧盟理事会关于成员国与第三国之间双边投资协定过渡安排的(EU)第1219/2012号条例，OJ 2012 L 351，第40页及以下。

④ 第3条，保持生效，"在不影响联盟法规定的成员国的其他义务的情况下，依据本规定第2条公布的双边投资协定可按照《欧洲联盟运行条约》和本规定保持效力，直至联盟与同一第三国之间的双边投资协定生效"。

二、双边投资协定

欧盟明确地将第三国直接投资纳入《欧洲联盟运行条约》第 207 条规定的共同商业政策中,对始于 1990 年的发展划上临时的句号。随着乌拉圭回合谈判的结束以及建立包含多边投资协定的多边投资制度的失败,尽管缺乏明确的权能,但是欧盟开始在其贸易协定中强调投资相关的规定和章节,在实践中这些协定总被作为已提及的混合协定进行缔结,这一实践尚未得到法院的全面认可。①

在欧盟成员国内获承认和设立的外商直接投资者必须遵守成员国内的和欧盟的法律制度。为了确保和说明国外投资者的待遇标准,由欧盟成员国缔结的所有多边投资协定都规定最惠国待遇、国民待遇、公平公正待遇以及充分的保障。外国投资的待遇标准也包含在欧盟多边投资协定中:重要的投资章节在新一代的《里斯本条约》中被提及,其中通过商业存在(模式 3)②、国民待遇和最惠国待遇③以说明市场准入。此外,它们还介绍良好的管理④,包括缔约方制定自己的环境、社会和其他标准的权利⑤,保护人权⑥以及保护投资者

---

① 判例,关于《欧盟—新加坡自由贸易协定》的意见程序 2/15 正在审理。提交给法院的说法是:欧盟是否有足够的权能单独与新加坡签订自由贸易协定?更确切地说,协定的哪些规定属于欧盟的专属权能,哪些规定属于欧盟的共享权能,哪些规定属于各成员国的专属权能?OJ 2015 C 363/18;参见欧洲法院主审法官 Sharpston 于 2016 年 12 月 21 日发表的意见,http://curia. europa. eu/juris/document/document. jsf; jsessionid = 9ea7d2dc30d555cd6d1087e740c8bc4afaee79236457. e34KaxiLc3qMb40Rch0SaxyKbxb0? text = &docid = 186494&pageIndex=0&doclang=en&mode=req&dir=&occ=first&part=1&cid=59744(于 2017 年 3 月 2 日访问)。

② 《欧盟—韩国自由贸易协定》第 7 条第 11 款第 2 项,欧盟及其成员国是本协定的一方,韩国是另一方,OJ 2011 L 127,第 6 页;另参见《欧盟—加勒比论坛国经济伙伴关系协定》第 67 条,加勒比论坛国为一方,欧盟及其各成员国为另一方,OJ 2008 L 289/I,第 3 页及下文。

③ 《欧盟—加勒比论坛国经济伙伴关系协定》第 68 条及下文。

④ 参见《欧盟—韩国自由贸易协定》第 7 条第 23 款第 2 项,缔约方承诺提供行政审查制度,包括司法审查;WTO 协议中有类似规定。

⑤ 参见《欧盟—韩国自由贸易协定》第 7 条第 1 款第 4 项;《欧盟—韩国自由贸易协定》第 13 条第 3 款确认缔约方有制定自己的环境和劳工保护规则的权利,以及相应地制定或修改相关法律和政策的权利。

⑥ 因为《欧盟—韩国自由贸易协定》"是'框架协定'所规定的全面双边关系的组成部分"(第 15 条第 4 款),所以对《世界人权宣言》所定义的民主原则和人权的尊重是《欧盟—韩国自由贸易协定》的基本要素。

的最佳行为实践[①],其中包括核心劳工标准、国内环境、劳工或职业健康和安全的立法及标准,或放宽旨在保护和促进文化多样性的劳工标准或法律。[②]协议还包含了以下两方面的承诺:跨境服务提供[③]和服务贸易(模式 4)的重要问题(商业目的的自然人短期进入)。

在"全球性欧洲"的交流中,欧盟委员会于 2010 年宣布未来的欧盟自由贸易协定旨在实现全面自由化,主要针对服务和投资领域。[④] 这是对 2009 年"欧盟自由贸易协定投资最低平台"[⑤]的运作,此平台制定了一项政策,根据此政策,欧盟将在其服务部门中就模式 1、模式 3 和模式 4(跨境服务、商业存在、服务提供商的临时进入)寻求"WTO+"市场准入承诺。过去,欧盟关于投资保护的活动很大程度上受制于非歧视性规定,旨在确保其他贸易伙伴和东道国的国民享受同等的待遇。以下是"制定全面的欧洲国际投资政策"的摘录,是对事态的公正描述:

> 目前,在投资谈判中,欧盟主要依赖非歧视原则,这是全球贸易体系的基石。非歧视性原则通常通过两个基本标准来实施:最惠国待遇和国民待遇,两者均为相对标准,因为它们都涉及基于原产地所提供的待遇的比较,而不是制定一个绝对的待遇标准。[⑥]

尽管非歧视性原则应继续作为欧盟投资谈判的关键因素,但是双边投资保护协定也适用其他标准,例如准入后"公平与公正待遇"和"全面的安全和保护"待遇。这些标准并不意味着对投资的处理方式进行比较。此外,很多成员国双边投资保护协定规定了东道国政府对投资者合同权利的保护("保护伞条

---

① 《欧盟—加勒比论坛国自由贸易协定》第 72 条,强调"投资者的行为",要求缔约方通过相关立法解决棘手的腐败问题,并进一步确保遵守国际劳工组织(ILO)的规定。

② 《欧盟—加勒比论坛国自由贸易协定》第 73 条。

③ 《欧盟—加勒比论坛国自由贸易协定》第 75 条及以下。

④ Communication of 4. 10. 2006, COM (2006) 567 final, 11.

⑤ Council Doc. 7242/09, 6. 3. 2009; a first version had been presented in Council Doc. 15375/06 (27. 11. 2006). 另参见: Niklas Maydell, The European Community's Minimum Platform on Investment or the Trojan Horse of Investment Competence. August Reinisch and Christina Knahr (eds.), International Investment Law in Context. The Hague: Eleven, 2008: 73—92。

⑥ Communication from the Commission to the European Parliament, the Council, the European Economic and Social Committee and the Committee of the Regions: "Towards a Comprehensive European International Investment Policy", COM (2010) 343 final, 8.

款”)。传统上，它们在成员国双边投资保护协定中适用，是其他协定中的重要因素，应激励欧盟层面上的投资协定的谈判。① 2013 年，理事会授权委员会与中国开展投资协定谈判②，谈判正在进行中。③

① Communication from the Commission to the European Parliament, the Council, the European Economic and Social Committee and the Committee of the Regions: "Towards a Comprehensive European International Investment Policy", COM (2010) 343 final, 8.

② 欧盟委员会新闻稿，IP/13/458，Brussels，2013 年 5 月 23 日；另参见欧洲议会 2013 年 10 月 9 日关于《欧盟—中国双边投资协定》谈判的决议，P7_TA(2013)0411，参见 http://www.europarl.europa.eu/oeil/popups/ficheprocedure.do?lang=en&reference=2013/2674(RSP)（于 2016 年 5 月 25 日访问）。

③ 在 2013 年 11 月 21 日举行的第 16 届中欧峰会上，双方就全面的中欧投资协定进行了谈判，中欧合作 2020 合作战略规划把此协定作为中欧关系的核心，表明“谈判和缔结这样一个全面的中欧投资协定将传达双方共同致力于加强合作以及构建更美好愿景的意愿，包括一旦条件适当，可从长远的角度出发制定深入且全面的自由贸易协定”。中欧合作 2020 战略规划，请参见 http://eeas.europa.eu/delegations/china/documentsnews20131123.pdf（于 2016 年 10 月 23 日访问）；另参见 2015 年 6 月 29 日的《中欧峰会联合声明——中欧 40 年合作后的前进之路》(《联合声明》)表明，正在进行的投资协定谈判是中欧双边经贸关系的最重要问题之一，构想了从长远的角度制定深入且全面的自由贸易协定，第 2 页。参见委员会网站：http://europa.eu/rapid/press-release_IP-14-33_en.htm（于 2016 年 10 月 23 日访问）。

第四章　欧盟的货币和银行制度

自全球金融危机及其对欧洲造成影响（“欧洲主权债务危机”与“欧元危机”）以来，欧盟关于金融法规和监管的法律发生了根本上的变化。鉴于金融市场和机构的复杂相互作用，在向主权债务人和房地产行业提供贷款时缺乏足够的风险评估，以及《金融监管条例》的缺点，欧盟立法者在 2008 年后进行了金融制度改革：现在的焦点是（而且仍然是）对金融市场、金融服务提供商及其提供的产品进行连贯而有效的监管，而不是进一步开放跨境金融服务。所采取的措施包括设立欧洲金融市场主管部门和加强私法、刑法规制。欧洲金融市场体系的迅速变革不仅使欧盟的，而且使第三国的金融服务提供商、立法者和司法体系面临着适应性挑战。

一、欧洲货币联盟法

欧洲货币联盟（EMU）始于 1993 年生效的《马斯特里赫特条约》，并建立了单一欧洲货币。这一联盟的成立不是出于经济原因，而是一项高度政治性的决定，单一货币被视为迈向一个更紧密联盟的垫脚石。另一方面，当时的法国总统弗朗索瓦·密特朗渴望用属于欧洲机构的德国联邦银行替代德国货币主导权，因德国联邦银行更容易接受法国对通货膨胀和预算政策的看法。

自成立以来，经济学家就一直在批评欧洲货币联盟的结构性弱点，这是由于其缺乏经济政策一体化，尤其是欧元区成员国失去了共同的财政政策。[①]

---

① Helmut Siekmann, Law and Economics of the Monetary Union. Thomas Eger and H.-B. Schafer (eds.), Research Handbook on the Economics of European Union Law. Cheltenham, UK: Edward Elgar, 2012: 383.

最初由12个成员国发起,欧洲货币联盟包括《欧洲联盟条约》第52条第1款所列成员国中的19个成员国。除了英国和丹麦外[①],欧盟的每个成员国原则上都必须在符合欧洲货币联盟规则的要求后立即引入欧元。[②]

下列几处原则对理解货币联盟很重要:

1. 根据《欧洲联盟条约》第4条第1款、第5条第1款及第2款,《欧洲联盟运行条约》第2条第1款及第3款、第3条第1款第3项、第5条第1款和第119条,在货币和经济政策方面有严格的法律分离。货币权能转移至欧盟使货币为欧元的成员国不能行使其货币主权[③],一般经济政策仍符合所授权能的原则,很大程度上仍属于成员国的权能范围。

2. 成员国对其金融状况负责(金融自我负责原则):它们没有主权国家可自我支配的常用金融工具,因为这些工具是货币联盟主体的权利。货币贬值和汇率贬值均不能作为解决国内结构性金融问题的手段(《欧洲联盟运行条约》第119条)。因此,强调结构性问题是每个成员国的责任。成员国间的结构性问题和竞争力差异已被联盟层面的数个计划解决(聚合基金;结构和投资基金)。[④] 但是,所有这些计划都必须致力于实现《欧洲联盟运行条约》规定的各自目标(即加强联盟内部的经济、社会和领土聚合;《欧洲联盟运行条约》第174条)。它们不被构建为经济补偿手段,

---

① 参见第15号议定书,英国(OJ 2010 C 83,第284页及后文)和第16号议定书,丹麦(OJ 2010 C 83,第288页及后文)。

② 在追求欧洲货币联盟的长期安全和经济稳定过程中,各成员国必须满足趋同标准(convergence criteria)作为货币体系的准入要求;参见有关趋同标准的第13号议定书,OJ 2010 C 83,第281页及后文。

③ 欧盟各成员国可脱离欧盟,《欧洲联盟条约》第50条。当根据《关于欧洲中央银行体系和欧洲中央银行法令的协议》第46条第2款和第49条对"不可撤销的"的权能进行解释时,似乎必须考虑这一点。

④ 参见2006年欧盟官方公报发布的六项委员会条例,OJ 2006 L 210;欧盟委员会、区域和城市政策司、欧洲结构和投资基金2014—2020年的通信:官方文件和评论,2015年11月,参见 http://ec.europa.eu/regional_policy/sources/docgener/guides/blue_book/blueguide_en.pdf(2016年10月23日);2006年10月6日欧盟委员会关于共同体凝聚力战略指导方针的指令(2006/702/EC),OJ 2006 L 291,11—32;也参见2013年12月17日欧洲议会和理事会(EU)第1303/2013号条例关于欧洲区域发展基金的共同规定。欧洲社会基金、团结基金、欧洲农村发展农业基金和欧洲海洋和渔业基金,并就欧洲区域发展基金、欧洲社会基金、团结基金和欧洲海洋和渔业基金作出一般性规定,并废除了委员会(EC)第1083/2006号条例,OJ 2013 L 347,320—469。

所以不可用于一般国家预算目的。欧盟及其成员国不对国内当局或成员国的公共团体所承担的义务承担责任，从而进一步加强了因缺乏欧洲金融补偿计划而导致的金融自我负责原则(《欧洲联盟运行条约》第 123 条和第 125 条)。然而，严格的责任排除和禁止欧洲中央银行体系从成员国中央政府购买债券(《欧洲联盟运行条约》第 123 条第 1 款)，已于 2011 年根据欧洲法院的判例对《欧洲联盟运行条约》进行了修订(《欧洲联盟运行条约》第 136 条第 3 款)：在 Pringle 判决中，欧洲法院表明，根据《欧洲联盟运行条约》第 136 条第 3 款规定，欧洲稳定机制(ESM)①符合欧洲法律，尽管其目的是在严格的条件下给予各成员国财政援助；②在之后的 Gauweiler 判决中，欧洲法院认为，欧盟条约规定欧洲中央银行体系可采取在二级市场购买政府债券的计划(直接货币交易计划，OMT)。欧洲法院解释说，这有助于维持第 119 条第 2 款规定的"单一货币政策和汇率政策"(包括 17 个财政辖区的货币区域)，且有助于维持价格稳定的目标(《欧洲联盟条约》第 3 条第 3 款第 1 项)，即使这也有助于欧洲稳定机制的经济政策目标(财政援助)。③

3. 欧盟的首要目标之一是保持价格稳定(《欧洲联盟条约》第 3 条第 3 款第 1 项)。作为一种高层次的欧洲货币联盟义务，这一目标在《欧洲联盟运行条约》第 119 条第 3 款和第 219 条第 1 款第 2 项中再次规定，重点强调了欧盟的货币政策，尤其是汇率政策。随着欧洲货币联盟成为"货币稳定共同体"，其他目标，如经济增长，仅在不影响价格稳定的情况下可以实现(《欧洲联盟运行条约》第 127 条第 1 款)。最后，欧盟法保证欧洲中央银行体系在享有《欧洲联盟运行条约》第 130 条和第 282 条第 3 款第 3 项所规定的权能方面的独立性。因此，欧盟的任何机构及其成员国都不得试图影响或指示欧洲中央银行体系。

欧洲中央银行体系是欧洲货币联盟的基本机构，包含欧洲中央银行和欧盟成员国的各中央银行。因为欧盟对货币事项和法律享有专属权能，国家货币体系必须要遵守《欧洲联盟运行条约》的要求，包括中央银行独立性(《欧洲联盟运行条约》第 131 条和《欧洲中央银行体系法令》第 14 条第 2 款)以及禁止公共部门的货币融资(《欧洲联盟运行条约》第 123 条)。自《里斯本条约》生

---

① 关于建立欧洲稳定机制(ESM)的条约 (T/ESM 2012)。

② ECJ，27. 11. 2012，Case C-370/12，Pringle，para. 71—76.

③ ECJ，16. 06. 2015，Case C-62/14，Gauweiler and others，para. 64—65.

效以来，《欧洲联盟运行条约》第 139 条第 2 款进一步明确欧元体系作为欧洲货币联盟的组成部分；它是欧洲中央银行体系的子系统，包括欧洲中央银行和货币为欧元的成员国央行(《欧洲联盟运行条约》第 139 条第 2 款)。①

欧元体系的成员国中央银行实施欧洲中央银行的政策和决定，并根据《欧洲中央银行体系法令》第 14 条第 3 款受欧洲中央银行指令和指南的制约。

按照授予原则(《欧洲联盟条约》第 5 条第 1 款)，欧洲中央银行和欧元体系有执行货币政策的权能；然而，这些机构无权决定欧盟的经济或金融政策。更确定地说，《欧洲联盟运行条约》第 127 条第 2 款定义了欧洲中央银行体系权能的四个方面：(1)制定和实施联盟货币政策；(2)开展符合第 219 条规定的外汇业务；(3)持有和管理成员国的官方外汇储备；(4)促进支付体系平稳运行。欧洲中央银行体系最初没有权能来确保金融体系的稳定或监管信贷机构(《欧洲联盟运行条约》第 127 条第 5 款)。因此，欧洲中央银行体系没有成为负债过度银行的最后贷款者。然而，欧洲中央银行体系可通过公开市场业务②向信贷机构提供流动资金，即使只有少量银行需要这种支持，或通过购买证券③向私营和公共部门提供流动资金(《欧洲中央银行体系法令》第 18 条)，以促进其货币政策的整体目标。④

《欧洲联盟运行条约》第 282 条规定，欧洲中央银行是欧洲中央银行体系的主要运行机构。欧洲中央银行具有法人资格和法律行为能力，享有执行任务所需的成员国领土内的所有特权和豁免权(《欧洲中央银行体系法令》第 39 条)。⑤ 欧洲中央银行执行局和管理委员会是其决策机构。管理委员会由执行局成员以及货币为欧元的成员国中央银行行长组成(《欧洲联盟运行条约》第 183 条第 1 款和《欧洲中央银行体系法令》第 10 条)。根据《欧洲中央银行体系法令》第 44—46 条，欧洲中央银行的第三决策机构是总理事会，由欧洲中央银行的行长与副行长、成员国中央银行行长以及执行局成员组成(后者无表

---

① 参见《欧洲联盟运行条约》第 282 条第 1 款。

② 关于欧洲中央银行公开市场业务请见欧洲中央银行网站：https://www.ecb.europa.eu/mopo/implement/omo/html/index.en.html(于 2016 年 10 月 23 日访问)。

③ 关于欧洲中央银行资产购买计划请见欧洲中央银行网站：https://www.ecb.europa.eu/mopo/implement/omt/html/index.en.html(于 2016 年 10 月 23 日访问)。

④ 欧洲中央银行，欧洲中央银行的货币政策(第三版，2011 年 5 月)，参见 https://www.ecb.europa.eu/pub/pdf/other/monetarypolicy2011en.pdf(于 2016 年 10 月 23 日访问)。

⑤ 另参见 Protocol No. 7 on the privileges and immunities of the European Union, OJ 2012 C 326, 266—272。

决权)。[①]

欧洲中央银行具有执行中央银行欧元政策职能所需的必要权能和权力，包括确定法定货币——欧元纸币仅在经欧洲中央银行批准后发行(《欧洲联盟运行条约》第 128 条第 1 款)。只有这种纸币具有成员国内法定货币的地位。[②]

欧洲中央银行和成员国中央银行有广泛的货币政策工具，允许它们开展业务：为信贷机构、公共实体和其他市场参与者开立账户并从上述各处购买资产；通过直接购买和出售资产在金融市场进行运作，并与信贷机构和其他市场参与者进行信贷业务(《欧洲中央银行体系法令》第 17 条和第 18 条)。欧洲中央银行也可要求信贷机构[③]根据货币政策目标向欧洲中央银行和成员国中央银行提供最低储备金(《欧洲中央银行体系法令》第 19 条)。[④]

欧盟货币政策的外部因素在《欧洲联盟运行条约》第 138 条和第 219 条有所规定。《欧洲联盟运行条约》第 138 条阐释了有关欧盟共同立场的理事会决定的程序，以"确保欧元在国际货币体系中的地位"，欧洲中央银行体系和《欧洲中央银行法令》第 6 条进一步规定了欧洲中央银行参与国际合作的权能。欧盟权能，更确切地说，欧洲中央银行权能，即与第三国缔结正式汇率协议的权利，被规定在《欧洲联盟运行条约》第 219 条第 1 款中。此外，《欧洲联盟运行条约》第 219 条第 3 款赋予联盟在与国际伙伴的对外货币交易和外汇管理中采取必要措施(缔结正式协议除外)的权利。

应当指出，尽管欧盟已经就制定欧元货币政策(包括与第三国缔结汇率协

---

① 欧洲中央银行的初始资本已由 50 亿欧元增至 100 亿欧元，参见 Council Regulation No. 1009/2000 of 8 May 2000 concerning capital increases of the European Central Bank, OJ 2000 L 115, 1。2015 年，其外汇储备资产达到了 580 亿欧元。成员国中央银行是欧洲中央银行资本的唯一认股人和持有人(《欧洲中央银行体系法令》第 28 条第 2 款)，且为欧洲中央银行提供外汇储备资产(《欧洲中央银行体系法令》第 30 条第 1 款)。

② 另参见 Article 10(2) of Council Regulation No. 2169/2005 of 21 December 2005 amending Regulation No. 974/98 on the introduction of the Euro, OJ 2005 L 346, 1—5。

③ 欧元区内信贷机构的分支需保持最低储备金，而在欧元区外设立的信贷分支机构不受限制。

④ Regulation No. 1745/2003 of the European Central Bank of 12 September 2003 on the application of minimum reserves (ECB/2003/9), OJ 2003 L 250, 10—16.

定)[①]获得了专属权能,但是欧洲货币联盟的其他国际权能仍然是欧盟及其成员国的共享权能(《欧洲联盟运行条约》第 219 条第 4 款和第 138 条)。成员国在现存的协议和剩余的权能中仍有一些行动的余地,根据《欧洲联盟运行条约》第 219 条第 4 款,"在不影响联盟权能以及联盟协议的前提下",成员国可在国际机构内谈判并缔结国际协议。[②] 同欧洲中央银行一样,各成员国有义务维持《欧洲联盟运行条约》第 119 条第 2 款所规定的价格稳定政策。根据货币基金组织协议现行条款下的浮动汇率制度,欧元汇率自由浮动。若欧盟没有缔结正式的汇率协议,理事会可制定外汇汇率政策的总体方向。在这些情况下,欧洲中央银行有一定的策略空间,根据价格稳定的目标,赋予理事会指南中所概述的政策的实质性内容。[③] 尽管理事会有权制定总体方向,但实际上是欧洲中央银行对汇率政策负责。[④] 每个缔结的正式协议都必须与价格稳定的目标相符合。在货币和汇率领域,这一首要目标规定在《欧洲联盟运行条约》第 119 条第 2 款;这也适用于欧洲中央银行体系,其责任规定在《欧洲联盟运行条约》第 127 条第 1 款中。

欧洲中央银行法令的合法性可经由欧洲法院的审查(《欧洲联盟运行条约》第 263 条第 1 款以及《欧洲中央银行体系法令》第 35 条第 1 款)。成员国、议会、理事会或委员会可提起诉讼(《欧洲联盟运行条约》第 263 条第 2 款),任何自然人或法人也可就针对其本人或与其有直接联系的法令提起诉讼(《欧洲联盟运行条约》第 263 条第 4 款)。

---

① 然而,这并不排除引入欧元的成员国的所有权能;参见 U. Palm, Article 219 AEUV. Eberhard Grabitz, Meinhard Hilf, Martin Nettesheim, et al. (eds.), Das Recht der Europäischen Union. München: Beck, 2014: 9。

② 因此,根据《欧洲联盟运行条约》第 138 条,成员国的行动范围由正式汇率协定、其他有关货币政策的协定以及其他联盟共同立场的决定来确定;参见 R. Streinz (ed.), EUV/AEUV, Vertragüber die Europäische Union und Vertragüber die Arbeitsweise der Europäischen Union. 2nd ed. München: Beck, 2012: 2091。

③ Michael Potacs, Artikel 219. Jürgen Schwarze (ed.), EU-Kommentar. 3rd ed. Basel: Helbing Lichtenhahn, 2012: 2022.

④ Rosa Maria Lastra, International Financial and Monetary Law. 2nd ed. Oxford: Oxford University Press, 2015: 348.

二、金融监管

自金融危机和随后的欧债危机爆发以来,欧盟已加大力度组建金融服务的单一市场,实现了金融服务监管的动态整合和欧盟金融监管体系的重大变革。

立法改革的快速进程不仅造就了更巩固的金融市场,而且产生了不同的且经常重叠的法律制度之间复杂的相互作用。这种法律体系的复杂性给金融行业造成了负担①,甚至可能导致针对某些服务提供商的歧视性待遇。② 来自欧盟成员国的服务提供商可以进入单一市场,并从便利化的市场准入中受益(如“牌照通行权”)。尽管欧盟的“牌照”使一些银行有权在本国获得许可证后在整个欧盟提供服务,但第三国服务商只能通过更耗时和昂贵的等价制度获得有限的市场准入。③ 对于非欧盟银行和其他金融服务提供商,欧盟银行法规建立的“第三国平等待遇”是非常重要的。与欧盟“牌照”相比,“平等待遇”被选择性地规定在不同的欧盟二级法律中,且必须由想要推动其金融机构进入欧盟市场的第三国提出要求。通常,能否从那些特定的“平等”规定中受益取决于欧盟金融机构从第三国获得的互惠待遇。未从平等规定中受益的国家和金融服务提供商必须向欧盟成员国监管主管部门提出申请。

欧盟委员会金融署负责等效性的技术评估。④ 委员会没有在具体的时间范围内作出决定的特定义务。以下部分将概述《欧盟金融服务条例》及其特定

---

① Commission of the European Communities, Green Paper on Financial Services Policy (2005—2010), from 3 March 2005, CoM (2005) 177 final, 6; Study on the Cost of Compliance with Selected FSAP Measures Final Report by Europe Economics, from 5 January 2009.

② 参见 ECJ, 18. 04. 1991, Case C-63/89, Assurances du Credit SA, ECR I-1799。

③ 参见 Directorate-General for Internal Policies, Economic Governance Support Unit Briefing: Third-country Equivalence in EU Banking Legislation。http://www.europarl.europa.eu/RegData/etudes/BRIE/2016/587369/IPOL_BRI(2016)587369_EN.pdf(于 2016 年 10 月 23 日访问)。

④ 参见委员会网址:http://ec.europa.eu/finance/general-policy/global/equivalence/index_en.htm(于 2016 年 10 月 23 日访问)。

的"第三国制度"。《欧盟金融服务条例》还包括银行服务①、支付服务②、投资服务③、公司养老金④、直接保险和再保险⑤、可转让证券集体投资⑥、评级机构服务⑦、结算服务和贸易存储⑧。为了创建和完善金融服务内部市场,如今欧盟旨在通过颁布关于欧盟金融业新的《单一规则手册》⑨,从而全面协调监管法、投资法和银行清算法。这种监管框架是银行业联盟的基础,规定了金融机构必须遵守的审慎规则。而且,欧盟还试图为破产银行的复苏和重组建立一个共同的框架,以避免向纳税人融资来提供紧急援助。

《单一规则手册》中一个重要部分是对银行和投资公司的资本要求:《资本要求条例 575/2012》(CRR)⑩规定了金融机构的审慎要求,要求银行根据所有

---

① Directive 2013/36/EU of the European Parliament and of the Council of 26 June 2013 on access to the activity of credit institutions and the prudential supervision of credit institutions and investment firms,OJ 2013 L 176,338—436.

② Directive 2007/64/EC of the European Parliament and of the Council of 13 November 2007 on payment services in the internal market,OJ 2007 L 319.

③ Directive 2014/65/EU of the European Parliament and of the Council of 15 May 2014 on markets in financial instruments,OJ 2014 L 173,349—496.

④ Directive 2003/41/EC of the European Parliament and of the Council of 3 June 2003 on the activities and supervision of institutions for occupational retirement provision,OJ 2003 L 235,10—21.

⑤ Directive 2009/138/EC of the European Parliament and of the Council of 25 November 2009 on the taking-up and pursuit of the business of Insurance and Reinsurance (Solvency II), OJ 2009 L 335,1—155.

⑥ Directive 2014/91/EU of the European Parliament and of the Council of 23 July 2014 amending Directive 2009/65/EC on the coordination of laws, regulations and administrative provisions relating to undertakings for collective investment in transferable securities (UCITS) as regards depositary functions,remuneration policies and sanctions,OJ 2014 L 257,186—213。

⑦ Regulation (EC) No. 1060/2009 of the European Parliament and of the Council of 16 September 2009 on credit rating agencies (CRA I),OJ 2009 L 302,1—31.

⑧ Regulation (EU) No. 648/2012 of the European Parliament and of the Council of 4 July 2012 on OTC derivatives,central counterparties and trade repositories (EMIR),OJ 2012 L 201,1—59.

⑨ Communication from the Commission to the European Parliament and the Council, A Roadmap towards a Banking Union,COM(2012) 510 final.

⑩ Regulation (EU) No. 575/2013 of the European Parliament and of the Council of 26 June 2013 on prudential requirements for credit institutions and investment firms (CRR),OJ 2013 L 176,1—337.

欧盟国家关于银行资本的全球标准(《巴塞尔协议Ⅲ》)持有足够的资本储备金并确保流动性。《资本要求指令 2013/36/EU》(CRD IV)[①]规定了资本储备金,以确保银行具有足够的资本以在发生危机时吸收损失,并允许成员国在某些条件下要求银行持有适用于整个金融部门或其部分的系统性风险缓冲资本,此指令必须纳入成员国的国内法中。它规制着银行和投资公司开展存款活动的机会。此外,根据20国集团商定的全球系统性重要金融机构(G-SIFI)标准[②],如果将其列为"全球系统性重要机构",那么特定的缓冲是强制性的。

《资本要求指令 IV》和《资本要求条例》均未给第三国提供任何类似"牌照"的权利,但是《资本要求条例》包含了一条限制性的平等条款。《资本要求条例》第107条第4款规定,允许当局以对待欧盟金融机构的方式对待第三国投资公司、信贷机构和交易所。[③]《资本要求条例》第114—116条规定,针对中国作出的决定,与针对中央政府、中央银行、地区政府、地方当局以及公共部门实体[④]所作的决定是平等的。《资本要求条例》第142条涉及位于第三国的子公司。[⑤]

---

① Directive 2013/36/EU of the European Parliament and of the Council of 26 June 2013 on access to the activity of credit institutions and the prudential supervision of credit institutions and investment firms (CRD),OJ 2013 L 176,338—436.

② 关于在欧盟层面全球系统性重要金融机构(G-SIFI)标准的实施,参见欧洲银行管理局:《全球重要系统公开指南》;在(EU)第575/2013号条例第441条下,关于G-SIIs数据指标披露统一标准的技术要求的最后草案。http://www.consilium.europa.eu/en/policies/banking-union/single-rulebook/capital-requirements/(于2016年10月23日访问)。

③ 参见2014年12月12日欧盟委员会执行决定关于某些第三国和地区在按照条例处理辐射方面的监督和管制要求等同于欧洲议会和欧盟理事会(EU)第575/2013号条例,OJ 2014 L 359;2016年2月17日,欧盟理事会(EU) 2016/230执行决定,修改了2014/908/EU执行决定中关于第三国和地区清单的规定,这些国家和地区的监督和管理要求被认为是等同于欧洲议会和欧盟理事会(EU)第575/2013号条例,OJ 2016 L 4,OJ 2016 L 41。

④ 参见2014年12月12日欧盟委员会关于某些第三国和地区在按照条例处理辐射方面的监督和管制要求等同于欧洲议会和欧盟理事会(EU)第575/2013号条例,OJ 2014 L 359。

⑤ 参见2016年2月17日,理事会(EU) 2016/230执行决定,修改了2014/908/EU执行决定中关于第三国和地区清单的规定,这些国家和地区的监督和管理要求被认为是同等于欧洲议会和欧盟理事会(EU)第575/2013号条例,OJ 2016 L 4,OJ 2016 L 41。

除了资本要求的共同规则,《单一市场手册》在所谓的银行要求指令[①]中规定了银行复苏和清算的规则,第2014/49/EU号指令[②]制定了存款担保计划。银行复苏和清算规则协调了国家主管当局介入不健全或破产的金融机构的程序、工具和权力,以及建立了由银行业融资的清算基金,以便在需要时支持破产银行。欧洲银行管理局制定了关于银行复苏和清算的有约束力的技术标准、指南和报告。[③]

《欧洲市场基础设施监管条例》[④]增加了场外交易合同的透明性,因为这些交易被证实是金融不稳定性的潜在来源。所有欧洲衍生合同的信息必须报告至贸易数据库,并且从欧洲证券与市场管理局(ESMA)和其他监管机构亦可获得上述信息。

根据1999年《金融服务行动计划》[⑤]的早期提议以及《金融工具市场指令》(MIFID)[⑥],欧盟已建立了一个综合的监管制度,适用于投资公司、贸易系统和股票市场的投资者交易。《金融工具市场指令》有两个主要目标:为授权中介机构的活动制定统一的要求,以及促进形成透明和综合的金融市场。由于金融危机,欧盟已在《金融工具市场指令Ⅱ》[⑦]中加强了这一框架。该框架自2017年1月起适用,且已成为欧盟资本市场监管制度的核心。它对以下各方面作了规定:投资公司准入、合格股权收购、投资公司自由设立和自由提供

---

① 参见2014年5月15日欧洲议会和欧盟理事会2014/59/EU号指令关于建立信贷机构和投资公司的恢复和解决框架(BRRD),OJ 2014 L 173,第190—348页;另参见2014年10月21日欧盟委员会(EU) 2015/63授权条例补充了欧洲议会和欧盟理事会2014/59/EU号指令,关于向决议筹资安排提供事先捐款,OJ 2015 L 11,44—64。

② Directive 2014/59/of the European Parliament and of the Council of 16 April 2014 on deposit guarantee schemes,OJ 2014 L 173,149.

③ 关于欧洲银行管理局的概述,参见 http://www.eba.europa.eu/regulation-and-policy/recovery-and-resolution(于2016年10月23日访问)。

④ Regulation (EU) No. 648/2012 of the European Parliament and of the Council of 4 July 2012 on OTC derivatives,central counterparties and trade repositories,OJ 2012 L 201,1—59.

⑤ 《金融服务行动计划》,欧盟委员会1999年5月11日发布的名为《落实金融市场框架:行动计划》,COM (1999) 232final。

⑥ Directive 2004/39/EC of the European Parliament and of the Council of 21 April 2004 on markets in financial instruments,OJ 2004 L 145,1.

⑦ Directive 2014/65/EU of the European Parliament and of the Council of 15 May 2014 on markets in financial instruments,OJ 2014 L 173,349—496.

服务，以及进行投资公司活动的条件。《金融工具市场法》（MIFIR）[①]补充了该指令，且加强了证券交易的透明性要求。《金融工具市场法》第 1 条第 9 款规定了有关第三国中央银行的交易的平等规定，其第 23 条、第 28 条和第 33 条涉及股份、衍生工具、贸易执行和清算义务。第 38 条包含对第三国贸易场所和中央对手方"类似牌照"的平等待遇；第 47 条为向欧盟专业客户和合格对手方提供投资服务的投资公司提供市场准入权。《金融工具市场指令Ⅱ》第 25 条第 4 款载有平等规定，以评估第三国市场是否与受监管的欧盟市场平等。目前为止，因为指令和条例尚未被适用，所以委员会没有作出任何平等决定。

另一个立法性法令，第 2009/65 号指令，涉及经营可转让证券集体投资业务。这些投资基金约占欧洲小型投资者集体投资的 75%。[②] 第 2009/65/EC 号指令规定了投资者信息的规则，对于可转让证券集体投资业务的管理公司而言，这是真正的欧洲"牌照"，在投资者于欧盟任一成员国设立企业的情况下，允许其管理在欧盟的可转让证券集体投资的基金，基金营销和兼并，以及该投资计划的监管。该指令定期修改。[③]

《另类投资基金经理指令》（AIFMD）[④]涉及广泛的投资基金，因其未被纳入可转让证券集合投资计划第 2009/65 号指令，所以至今仍未在欧盟层面适用。如今，《另类投资基金经理指令》涵盖对冲基金、私募股权基金、房地产基金和其他机构基金；它不适用于政府管理基金（例如支持社会保障或养老金制度），也不适用于世界银行等超国家机构。它通过单一授权（"牌照"）为该行业引入了单一市场框架，为服务提供商在整个欧盟提供服务。被授予"牌照"的另类基金管理人有权在接到通知后，在整个欧盟内为专业投资者管理和销售基金。第三国管辖的服务提供商如遵循与欧盟监管制度相当的平等标准，其

① Regulation (EU) No. 600/2014 of the European Parliament and of the Council of 15 May 2014 on markets in financial instruments, OJ 2014 L 173, 84－148.

② 参见欧盟委员会网站：http://ec.europa.eu/finance/investment/ucits-directive/index_en.htm（于 2016 年 10 月 23 日访问）。

③ 参见 Directive 2014/91/EU (UCITS V) of 23 July 2014 amending Directive 2009/65/EC。关于有关可转让证券集合投资计划的授权和实施法案的详细列表，参见委员会网站 http://ec.europa.eu/finance/investment/ucits-directive/index_en.htm（于 2016 年 10 月 23 日访问）。

④ Directive 2011/61/EU of the European Parliament and of the Council of 8 June 2011 on Alternative Investment Fund Managers (AIFMD), OJ 2011 L 174, pp. 1－73.

也可获得“牌照权”。

2015年，长期投资基金(ELTIF)第2015/760号条例[①]生效。长期投资基金(ELTIF)重点关注另类投资工具，包括发行股票的非上市公司，不具有易识别特征的买方的债务工具(例如，许可基础设施项目)，需要大量前期资本支出的房地产资产和允许在监管市场上进行交易的中小型企业。只有根据《另类投资基金经理指令》授权的替代投资基金经理(AIFM)进行管理的其他投资基金，才有资格作为长期投资基金上市。长期投资基金受其他规则的约束，例如，将其至少70%的资本投资于确定的合格资产类别中。该指令针对欧盟的专业人士和零售投资者，并为其保护制定了规则。只有受投资基金管理且经投资基金管理指令授权的另类投资基金，才能作为长期投资基金进行营销。

为了确保金融市场一体化和保护投资者，在欧盟层面，对市场操纵、内幕交易和非公开信息的非法披露等市场滥用管理法规进行了调整，制定了《反市场滥用指令》(MAD)[②]和《反市场滥用条例》(MAR)[③]。

三、银行业联盟

根据欧盟委员会制定的银行业联盟路线图[④]，欧盟机构一直试图依据上文提到的《单一规则手册》建立三大机制：即单一银行监管机制(SSM)[⑤]、单一

① Regulation (EU) 2015/760 of the European Parliament and of the Council of 29 April 2015 on European long-term investment funds, OJ 2015 L 123, 98－121.

② Directive 2008/26/EC of the European Parliament and of the Council of 11 March 2008, OJ 2008 L 81, 42－44.

③ Regulation (EU) No. 596/2014 of the European Parliament and of the Council of 16 April 2014 on market abuse (market abuse regulation; MAR), OJ 2014 L 173, 1－61.

④ Communication from the Commission to the European Parliament and the Council, A Roadmap towards a Banking Union, COM (2012) 510 final.

⑤ Council Regulation (EU) No. 1024/2013 of 15 October 2013 conferring specific tasks on the European Central Bank concerning policies relating to the prudential supervision of credit institutions, OJ 2013 L 287, 63－89; Regulation (EU) No. 468/2014 of the European Central Bank of 16 April 2014 establishing the framework for cooperation within the Single Supervisory Mechanism between the European Central Bank and national competent authorities and with national designated authorities (SSM Framework Regulation) (ECB/2014/17), OJ 2014 L 141, 1－50.

清算机制(SRM)[①]和欧洲存款保险机制(EDIS)[②]。单一银行监管机制涵盖欧洲中央银行和国家监管部门。尽管信贷机构的审慎监管和金融体系的稳定最初不在欧洲中央银行体系的权能范围内,但是可赋予欧洲中央银行以特定义务,保险业的谨慎监管政策除外(《欧洲联盟运行条约》第127条第5款和第1024/2013号条例[③])。欧洲中央银行有监管最相关(系统性相关)银行的任务,但资产负债小的银行仍然受各成员国当局的监管。在履行责任时,欧洲中央银行可进行监督审查、现场检查和调查;授予或撤销银行许可证、设定较高的资本要求并实行制裁。[④] 欧洲中央银行内部已经建立了"隔离墙"以使制定货币政策和银行监管的角色分离,从而避免(出现)利益冲突。国家监督机构对未涵盖在单一银行监管机制内的银行,以及许可证程序、消费者保护、支付服务和洗钱等领域仍然负有监管责任。在这方面,总部位于伦敦的欧洲银行管理局具有协调的作用:促进成员国监督实践的融合,并评估欧盟银行部门的风险和脆弱性。因此,它有助于为金融机构制定一套统一的审慎规则。

欧洲金融危机不仅对银行跨境服务产生了重大影响,而且对资本的自由流动和跨境信贷流入欧盟成员国也造成了重大影响。国家监督机构在这一领域采取单方面审慎措施。当塞浦路斯面临由于大规模资本外流而导致银行系统崩溃的可能性时,银行部门与资本法律制度之间的关系变得明显。经与欧盟协调,塞浦路斯当局以资本管制的形式,按照《欧洲联盟运行条约》的规定采

① Regulation (EU) No. 806/2014 of the European Parliament and of the Council of 15 July 2014 establishing uniform rules and a uniform procedure for the resolution of credit institutions and certain investment firms in the framework of a Single Resolution Mechanism and a Single Resolution Fund, OJ 2014 L 225, 1－90.

② Proposal for a Regulation of the European Parliament and of the Council amending Regulation (EU) 806/2014 in order to establish a European Deposit Insurance Scheme, COM (2015) 586 final.

③ Council Regulation (EU) No. 1024/2013 of 15 October 2013 conferring specific tasks on the European Central Bank concerning policies relating to the prudential supervision of credit institutions, OJ 2013 L 287, 63－89.

④ Article 4 of Council Regulation (EU) No. 1024/2013.

取了紧急措施,这是以公共政策或公共安全为依据的(以应对主权债务危机引发的潜在稳定性问题)。[1]

---

① 参见希腊政府于 2015 年 6 月 28 日实施的资本管制,欧盟委员会,“关于由 Jonathan Hill 代表欧盟委员会就希腊政府实施的资本管制发布的声明”(Statement/15/5271)。http://europa.eu/rapid/press-release_STATEMENT-15-5271_en.htm? locale=en(于 2016 年 10 月 23 日访问)。

第五章 欧盟基础设施建设相关法律

一、关于与非政府单位签订的特许经营合同和公共合同的欧盟法规简介

欧盟政府当局花费约14%的国内生产总值来购买诸如能源、运输、废物管理、社会保障、提供保健或教育服务等诸多领域的服务、工程和用品。[①] 因此，许多欧盟国家拥有世界一流的社会制度和基础设施。然而，由于全球金融危机所导致的众所周知的预算限制，欧洲的基础设施支出在过去10年一直在下降，包括广泛的投资领域，例如道路、水路和航空的运输连接，电力，天然气和石油供应网，宽带网络等。

因此，欧盟及其成员国似乎比以前更重视将公私伙伴关系(PPP)作为基础设施和公共服务融资的有效解决方案：在欧盟成员国内，2015年(公共和私人)基础设施支出总额约占国内生产总值的5%。[②] 私有部门融资由于私有化(例如，将基础设施资产从国有资产转移到公众持股公司)或通过特许经营和

① 欧盟委员会内部市场总司网站，关于公私伙伴关系：http://ec.europa.eu/growth/single-market/public-procurement/index_en.htm(于2016年10月23日访问)。

② Debora Revoltella, Philipp-Bastian Brutscher, Alexandra Tsiotras et al., Infrastructure Investment in Europe and International Competitiveness, European Investment. EIB Working Papers, 2016(1): 4.

其他形式的PPP模式而增加。[①] 在2010年的"欧洲2020战略"[②]中,欧盟委员会将PPP视为欧盟内基础设施和战略服务长期结构发展的重要工具。特许经营合同特别有益处,因为它们是PPP的基础,并为公共基础设施和服务的投资提供技术和私人资本流动。在这种情况下,须适当注意,欧盟内绝大多数的公共支出是由成员国作出的,独立于欧盟委员会且欧盟并不参与。

PPP在公共与私人部门之间的关于成本密集型基础设施建设措施的相互作用受到欧盟法律若干规定的管制:(1)欧盟各成员国的金融(风险)披露需与《稳定与增长公约》相一致;(2)就PPP的经济活动而言,这些业务也必须符合欧盟内部市场管理规定,特别是所谓的《四大自由[③]和竞争规则》;(3)由于PPP是围绕公共合同、工程合同或服务特许经营合同而构建的,所以当它们的价值超过一定的限额时,必须遵守《公共采购指令》;(4)与非政府单位签订的特许经营合同和公共合同不仅存在于欧盟成员国;(5)对于欧盟机构(如欧洲投资银行),其计划、基金和其他投资工具,私人参与也是可能的;(6)最后,一些基础设施项目中的投资和政府参与必须符合欧盟的整体网络策略。

二、与非政府单位签订的特许经营合同和公共合同以及欧盟成员国的预算规则

由于全球金融危机,欧盟所有成员国,特别是参与经济和货币联盟的成员国,都引入了严格的政治和法律限制来增加公共债务。就此而言,引发的问题是PPP是否会被滥用。作为一种掩盖超出主权债务许可的新的支出方式[④],该债务水平是由旨在实现成员国可持续预算策略的《稳定与增长公约》[⑤]制定

---

① 欧盟委员会致欧洲议会、欧盟理事会、欧洲法院、审计法院、欧洲投资银行、欧洲经济和社会委员会以及区域委员会的通信,关于欧洲综合基础设施的一揽子增长方案,2011年10月19日,COM(2011)676最后定稿。

② European Commission, Europe 2020: A Strategy for Smart, Sustainable and Inclusive Growth (the "Europe 2020 Strategy"), COM (2010) 2020 final.

③ 即商品的自由流动、服务的自由流动、资本的自由流动和人员的自由流动。

④ 欧盟委员会致欧洲议会、欧盟理事会、欧洲经济和社会委员会、地区委员会的通信,动员私人和公共投资促进恢复和长期结构改革:发展公私伙伴关系,COM(2009)615定稿,第5页。

⑤ Resolution of the European Council on the Stability and Growth Pact Amsterdam, 17 June 1997, OJ 1997 C236, 1-2;有关后续实施的概述,请参见欧盟委员会网站:http://ec.europa.eu/economy_finance/economic_governance/sgp/index_en.htm(于2016年10月23日访问)。

的。因此，上述公约通过特许经营合同和公共合同对公共采购有直接影响：由于对公共支出的限制性影响，基础设施的计划内投资和有用投资也许不能实现。[①] 反过来，这可能会对成员国的未来增长产生破坏性的影响。但是，《稳定与增长公约》使欧盟委员会和欧盟理事会有相当大的自由裁量权，可以根据具体国情来评估公共财政的健全性，以便推荐最佳的行动方针。特别是，基础设施项目的开支与其他费用不同。欧盟委员会于 2015 年 1 月 13 日颁发指导性说明，阐明了其将如何适用《稳定与增长公约》的现行规则，以鼓励结构性改革和投资。[②] 参与公共基础设施支出的第三国投资者必须意识到欧盟成员国有义务遵守《稳定与增长公约》，因为这一规则可能会减缓投资项目的进程。[③]

为了确定公私伙伴关系多大程度上被纳入公共预算，欧盟委员会统计局已制定了关于如何将公共部门和私营部门的合作项目列入预算的全面规则。[④] 这方面的一个重大相关问题就是公共风险暴露的足够透明且受议会和其他机构的监督。金融风险必须是可容忍的，预算规则从预算的角度描述了可接受的限额。[⑤] 以下对 PPP 类型的概述不仅可以告知读者有关欧盟成员国政府参与的不同种类的投资；还可以了解他们允许评估预算规则是否可能以特许经营合同或公共合同的形式构成对外国投资的负担。

欧盟统计局手册区分了政府和私人部门间的两种长期合同：狭义的 PPP 和特许经营合同。狭义的 PPP 是一种安排，政府（通过任何机构、单位、代表行事）承诺从非政府机构长期购买服务，或使用私人缔约方建立的特定资产，以提供服务（通常是公共服务）。政府（而不是最终用户）为私人合作伙伴支付

---

① Communication from the Commission to the European Council, "A European Economic Recovery Plan", COM (2008) 800 final.

② Proposal for a Regulation of the European Parliament and of the Council on the European Fund for Strategic Investments, COM (2015) 10 final.

③ Communication from the Commission to the European Council, "A European Economic Recovery Plan", COM (2008) 800 final.

④ 《欧盟统计局手册和指南》《政府赤字和债务报告》《2010 欧洲账户体系》（ESA, European System of Accounts），2016 版，第 309 页及后文。http://ec.europa.eu/eurostat/fr/web/products-manuals-and-guidelines/-/KS-GQ-16-001（于 2016 年 10 月 23 日访问）。

⑤ 参见公私伙伴关系的统计核算，确定哪些情况下，公私伙伴关系的资产应被记录在政府资产负债表上，欧盟统计局新闻 18/2004：公私伙伴关系待遇和《欧洲账户体系 95》《欧洲统计局手册和指南》《政府赤字和债务手册》《2010 欧洲账户体系》，2016 版（PPP），第 332—356 页。http://ec.europa.eu/eurostat/fr/web/products-manuals-and-guidelines/-/KS-GQ-16-001（于 2016 年 10 月 23 日访问）。

所有的或大部分的服务费用,同时承担与所涉资产相关的大部分风险和收益。这种 PPP 的一个例子是利用私营公司建立、运营和维护诸如医院或学校等公共服务的设施。特许经营合同通常是可以进行商业开发的基础设施设备的合同,其中公司负责设备的建造、运行和维护,主要通过向用户(家庭、公司、道路使用者等)收取使用费、通行费或其他费用来支付报酬。在这个意义上,特许经营合同是与私人方(特许经营者)签署的公共合同,"是在竞争程序之后签订的,可以长期经营的资产,可以是现有合同或是即将被签订的合同,其中公司向最终用户收取费用"。①

统计核算规则涵盖与固定资产有关的、与非政府部门签订合同的几个子类别:对于资产购买合同,私人投资者的责任仅限于根据商定的规格建立资产并交付给政府;此资产由政府全权负责。就商品或服务采购合同而言,政府承诺在事先商定的期限内购买商品和服务,但是合同内没有处理基础设施资产的条款。股权安排涉及创建一个新实体,也被称为"合资企业":政府和私人合作伙伴都在管理特定基础设施的公司中拥有股权。另一种安排形式是租赁,政府或私人公司在某一特定时期内是交易对手拥有资产的用户。

不同类别的安排对应国家预算不同程度的风险,这反映在这些安排的统计处理中。政府面临的经济和金融风险越多,欧盟的预算规则就越有可能会影响到利用这种商机的可能性。

三、与非政府机构的特许经营合同和公共合同

欧盟的核心竞争和反垄断政策适用于从事经济活动的公共或私营企业,无论该实体的法定地位(公共或私人)及其融资方式如何②。《欧洲联盟运行条约》第 101 条禁止企业间的不正当竞争行为,第 102 条禁止企业滥用市场支配地位。此外,欧洲法院通过所谓的"国家行为主义原则"阐释了反垄断的间接适用(《欧洲联盟条约》第 3 条第 3 款和第 4 条第 3 款,《欧洲联盟运行条约》第 3 条第 1 款第 2 项、第 102 条和第 119 条,以及第 27 号议定书)。该原则搜

① 《欧盟统计局手册和指南》《政府赤字和债务报告》《2010 欧洲账户体系》(ESA, European System of Accounts),2016 版,第 323 页,http://ec. europa. eu/eurostat/fr/web/products-manuals-and-guidelines/-/KS-GQ-16-001(于 2016 年 10 月 23 日访问)。

② ECJ, Case C-205/03 P, Federación Española de Empresas de Tecnología Sanitaria (FENIN) v. Commission of the European Communities, ECR I-6295, para. 25.

集了由于国家公权力的行使扭曲了市场竞争的案例。① 应该提到的是,投资者想要签订特权经营合同或国家合同必须考虑成员国国内竞争法规则,本章不会将其与欧盟竞争法一同阐释。

任何在欧盟进行经济活动的人都受欧盟严格的竞争规则的约束。欧盟有权管理欧盟市场上的特许经营合同和公共合同引起的外国投资和经济活动。有关规定包括资本流动规定(《欧洲联盟运行条约》第 63 条:国外投资者对内与对外的流动作为特许经营合同和国家合同执行的先决条件)和单一市场的其他规定,包括货物流动条款(《欧洲联盟运行条约》第 34 条)、服务贸易(《欧洲联盟运行条约》第 56 条)和设立自由(《欧洲联盟运行条约》第 49 条)。

欧盟是唯一享有反补贴制度的区域性法域,成员国不得扭曲市场的竞争关系。因此,当涉及支持它们有控制权的企业或授予特权的企业时,成员国将受到严格的限制。具体而言,《欧洲联盟运行条约》第 107 条禁止政府给予扭曲或威胁市场竞争的企业任何援助。当公共采购合同被授予特别优惠的条款时,这一点的相关性凸显出来。关于特许经营合同,特许经营者必须根据特定的政府要求来运营,并因合同的额外负担得到政府补偿。如果这笔补偿超过了正常关系给予的补偿,这可能会引起欧盟反补贴法的问题。② 而《欧洲联盟运行条约》允许为提供一般经济利益服务的企业授予"专属的或特殊的权利",《欧洲联盟运行条约》第 106 条对此类特权待遇施加限制,以允许尽可能多的竞争。

欧盟的共同商业政策(《欧洲联盟运行条约》第 207 条)授权欧盟以特许经营合同或国家合同的形式对外国投资的准入和待遇进行规制。③ 因此,跨境特许经营通常不仅受到欧盟常规立法的规制,还可能受到国际协议的影响。例如,建设—经营—移交(BOT)合同和工程特许经营合同被包含在欧盟和第

---

① ECJ, Case C-198/01, Consorzio Industrie Fiammiferi (CIR) v. Autorità Garantedella Concorrence e del Mercato, ECR I-8055, para. 47;另参见:Baquero Cruz, The State Action Doctrine. Giuliano Amato and Claus-Dieter Ehlermann (eds.), Competition Law: A Critical Assessment. Oxford: Hart Publishing, 2007,第 551 页及后文。

② 2016 年 9 月欧洲 PPP 专业技术中心报告,"PPPs 和国家援助"("PPPs and State Aid"), http://www.eib.org/epec/library/index.htm,第 7 页(于 2016 年 10 月 23 日访问)。另参见 Communication from the Commission to the European Parliament, the Council, the European Economic and Social Committee and the Committee of the Regions, "Mobilising private and public investment for recovery and long term structural change: developing Public Private Partnerships", COM (2009) 615 final。

③ ECJ, Case C-360/93, European Parliament v. Council, ECR I-1195.

三国缔结的自由贸易协定中。[①] 到目前为止,欧盟和中国之间尚未缔结此种协议。在某种程度上,WTO 规则也有影响,例如建设—经营—移交(BOT)模式受到《服务贸易总协定》(GATS)第 1 条第 2 款第 3 项的规制。

四、欧盟关于公共和公用事业采购的立法(欧盟二级法律)

欧盟成员国法律现在已经实施了若干下文讨论的欧盟指令,其中规定了欧盟成员国当局如何参与公共采购的规则:这涉及每年 4210 亿欧元(2014 年,不包括公用事业和国防)的总营业额。[②] 这也涉及 PPP,因为任何超过给定限额的项目(见下文)[③]将涵盖在上述法律体系中。

对于低于限额的公共合同或工程特许经营合同,如透明、平等待遇和非歧视等条约原则仍然适用。对于服务特许经营合同,也是如此,但是其不适用《公共采购指令》。[④] 作为 WTO 政府采购协议(GPA)的签约成员的第三国特许经营者享有与欧盟对手方一样的权利。

《公共采购指令》[⑤]规定了公共合同用于公司或个人提供工程、用品或服务的一般规则,包括可能的豁免。该指令涵盖大多数公共合同(由缔约当局授予),但公用事业(水、运输、能源和邮政服务)、电信、服务特许经营合同和一些

---

① 参见欧盟及其成员国和韩国间的自由贸易协定附件 9:建设—运营—移交(BOT)合同和公共工程特许经营合同,OJ 2011 L 127。

② 欧盟委员会增长总司 G4,公共采购指标 2014,2016 年 2 月(European Commission Directorate General Grow G4,Public Procurement Indicators 2014,February 2016),http://ec.europa.eu/DocsRoom/documents/15421/attachments/1/translations,p. 1(于 2016 年 12 月 25 日访问)。

③ 上述限额由欧盟委员会每两年审查一次:Article 6 of the Directive 2014/24/EU of the European Parliament and of the Council of 26 February 2014 on public procurement,OJ 2014 94,65—242;Article 17 of the Directive 2014/25/EU of the European Parliament and of the Council of 26 February 2014 on procurement by entities operating in the water,energy,transport and postal services sectors,OJ 2014 L 94,243—374;Article 9 of the Directive 2014/23/EU of the European Parliament and of the Council of 26 February 2014 on the award of concession contracts,OJ 2014 L 94,1—64。

④ 欧洲法院已经确认,欧盟条约规则(特别是透明性规则和平等待遇规则)也适用于服务特许经营合同:ECJ,Commission v. Italy (Loto),case C-272/91,of 26 April 1994,ECR I-1409;ECJ,ECJ,Commission v. Italy (Municipal waste produced in the Region of Sicily),case C-382/05,of 18 July 2007,ECR I-6657。

⑤ Directive 2014/24/EU of the European Parliament and of the Council of 26 February 2014 on public procurement,OJ 2014 94,65—242.

防务和安全合同除外。该指令的适用范围受到一定的限额限制：公共合同的规则适用于价值超过5225000欧元的公共工程合同、超过135000欧元的中央政府合同、超过209000欧元的地方和地区政府合同，以及超过750000欧元的社会和其他特定服务合同。[①] 政府采购招标提供工程、用品或服务，国家当局必须透明化，平等对待所有申请人，不歧视申请人。

法律规定了四种类型的程序：(1)公开程序，即所有经济运营商都可提交招标书；(2)限制性程序，即只有受到缔约当局邀请的运营商才能进行投标，表达其参与兴趣；(3)谈判程序，即缔约当局与未来缔约方直接协商合同条款；(4)竞争性谈判程序，只适用于复杂工程，其中合同实体和投标人讨论要求和解决方案。

该指令旨在涵盖所有能够对国内行业在采购中给予优惠待遇的实体，包括国家、地区和当地的缔约当局。[②] 欧洲法院进一步扩大了这一类别，将其扩大到所有"受公法管理的机构"，从而包括任何可能行使国家优先权的实体。[③]

通过履行在欧盟官方公报和招标电子日报(TED)数据库[④]中发布公共合同通知的义务，确保采购过程的透明度，其中包含投标截止日期、投标所需语言、授予标准及其相对权重，以及投标所需的证书和文件，以便评估投标人履行合同的能力。合同将与经济上最有利的投标方签订；这是在考虑到整体的成本效益、质量、环境和社会方面、交易以及交货条件等因素的情况下，基于最优价格—质量比确定的。经济运营商及其分包商必须遵守所有适用的欧洲和成员国环境、社会和劳工要求、集体协议以及相关国际义务。在某些情况下，可能会排除有限的敏感领域(如电子通信、研发、防务和安全)。部分行业，包括水、能源、运输和邮政服务部分被排除在采购指令之外，因为它们被《公用事业指令》所涵盖。

---

① 参见欧盟委员会网站关于现在的限额：https://ec.europa.eu/growth/single-market/public-procurement/rules-implementation/thresholds_en(于2016年12月25日访问)。

② ECJ, Case C-44/96, Mannesmann Anlagebau Austria AG v. Strohal Rotationsdruck GesmbH, ECR I-73, para. 33.

③ ECJ, Case C-323/96, Commission v. Belgium, ECR I-5063, para. 41; ECJ Case C-283/00, Commission v. Spain ("SIEPSA"), ECR I-11697, 第74段将"受公法管理的机构"定义为具有法律人格的非商业机构，主要由合同缔约方或由此机构组成的任何协会资助、监督或任命。

④ http://ted.europa.eu/TED/misc/chooseLanguage.do(于2016年12月25日访问)。

《公用事业指令》[①]涉及天然气、热力、电力和水方面的采购(当此类采购与所提供的公共服务相关,且与其生产、运输或分销相关时);铁路、电车、手推车、公共汽车或缆车等公共交通工具;机场、海运和内陆港口以及航空、海运或运河的其他终端;邮政和类似服务;最后,石油和天然气提取和勘探,煤和其他固体燃料的提取。该指令不适用于将物品转售或租赁给另一公司或组织的合同,或其他公共采购或国际法律义务所涉及的合同。它也不适用于涉及防务、安全和研发部门的合同。虽然《公共采购指令》的基本规则和原则仍然适用,但《公用事业指令》特别涉及在经济发展和社会福祉中发挥关键作用的行业的某些特征。其仅包含以下合同:价值超过 414000 欧元的供应和服务合同和设计合同,价值超过 5186000 欧元的工程合同,以及价值超过 1000000 欧元的社会和其他特定服务的服务合同。

这些指令中的第三个,《特许经营指令》[②]为特许经营合同的授予创建了一个法律框架,其中包含通过特许经营合同用于公用事业部门政府采购的规则。根据特许经营合同,一个或多个缔约当局或承包商将工程的执行以及服务的提供和管理委托给一个或多个经济运营商。这包括利用工程或服务的权利或一并支付的权利;通常,特许经营者承担经济经营风险。该指令适用于价值 5186000 欧元或以上的特许经营合同(第 8 条)。[③]《特许经营指令》不适用于提供或开发公共通信网络,提供或经营饮用水固定网络,污水处理和水利工程项目、灌溉或地面排水的特许经营合同(第 12 条),以及彩票经营服务的特许经营合同。针对《特许经营指令》中活动的融资不属于该指令的适用范围。

《特许经营指令》规定了特许经营合同的最长期限。对于超过五年的特许经营合同,"特许经营合同的最长期限不得超过特许经营者可以合理预期的收回经营工程或服务的投资的时间"(第 18 条)。授予特许经营合同应符合"指令"第二部分的一般原则和规则保证。原则上,公共买方可以按照国家标准和

① Directive 2014/25/EU of the European Parliament and of the Council of 26 February 2014 on procurement by entities operating in the water, energy, transport and postal services sectors, OJ 2014 L 94, 243—374.

② Directive 2014/23/EU of the European Parliament and of the Council of 26 February 2014 on the award of concession contracts, OJ 2014 L 94, 1—64.

③ http://ec.europa.eu/growth/single-market/public-procurement/rules-implementation/thresholds/index_en.htm(于 2016 年 12 月 25 日访问)。特许经营合同价值的评估考虑了特许经营者在合同期间产生的总营业额。

偏好自由地制定规则。

然而,无论如何,在招标电子日报(TED)数据库[①]中必须注意授予特许经营合同的意图,并对特许经营合同以及参与授权程序的条件进行描述。该指令的附件5、7和8包含必须载于通知中的信息和强制性标准形式的格式;必须向潜在的和实际的参与者通报最低要求和授予标准,包含对适用规则和预计时间安排的描述。

授予标准必须对所有参与者平等要求。偏袒地方、国家产品或公司的授予标准当然不符合标准且是非法的。此外,授予标准必须与特许经营合同的主题相关,是客观的且可进行提前宣传。尽管该指令允许公众买家和候选人之间进行谈判,但是特许经营合同的主题、奖励标准和最低要求是不可重新协商的。

《公共采购指令》《公用事业指令》《特许经营指令》允许欧盟成员国的授权机构综合考虑社会、环境和其他政策条件,并根据广泛的参数评估投标,包括商品或服务的"全生命周期成本",以及购买的货物和服务的生产过程(例如雇用弱势群体或使用环保材料);如果没有遵守社会、劳动法或环境保护义务,那么报价异常低的投标可以被拒绝。

五、欧盟层面的PPP项目

私人投资者和欧盟机构之间的PPP项目,即在欧盟基础设施建设领域(主要是通过结构性基金、欧洲投资银行[②]和欧洲网络工具)的私人参与,可以采取不同的形式。[③] 为了吸引私人投资在交通、电信和能源基础设施项目中进行共同融资,欧盟于2013年建立了"连接欧洲基金"(CEF)。[④] "连接欧洲基金"通过引入欧洲网络工具(如"欧洲交通网络项目贷款担保工具""建设成本

---

① 参见 http://ted.europa.eu/TED/misc/chooseLanguage.do(于2016年12月25日访问)。

② 参见欧洲PPP专家中心数据库 http://www.eib.org/epec/(于2016年12月25日访问)。

③ 欧盟委员会致欧洲议会、欧盟理事会、欧洲经济和社会委员会、地区委员会的通信——调动私人和公共投资促进恢复和长期结构改革:发展公私伙伴关系、COM(2009年)是符合欧盟经济复苏计划的,该计划于2008年启动,欧盟委员会致欧盟理事会的通信——《欧洲经济复苏计划》,COM(2008)800定稿。

④ Regulation (EU) No. 1316/2013 of the European Parliament and of the Council of 11 December 2013 establishing the Connecting Europe Facility, OJ 2013 L 348,129.

拨款"和"风险分摊基金"，参见《连接欧洲基金法规》第 14 条)。"连接欧洲基金"定义了为对欧盟有利的基础设施项目提供资金的条件、方法和程序，旨在通过将这些资金与欧盟货币相配套来吸引公共和私营部门的资金。目标是支持在运输、电信和能源基础设施部门的"绿色领域"和"升级"投资，应该有助于实现欧盟的可持续发展目标(温室气体排放量比 1990 年降低 20%，能源效率提高 20%，可再生能源份额到 2020 年提高 20%)。①

"连接欧洲基金"旨在为长期稳定投资框架建立基础，主要采用两种手段，以促进基础设施投资中的私人参与(CEF 条例第 14 条)②：(1)欧洲投资银行参与股权基金；(2)为私人参与欧洲基础设施项目提供贷款和担保。③

根据《欧洲联盟运行条约》第 176 条和第 349 条赋予的权限，欧盟于 2013 年建立了欧洲地区发展基金。其投资优先事项载于第 1301/2013 号条例第 5 条中，包括宽带网络、能源部门、运输技术设施和其他。④ 除此之外，欧盟建立了聚合基金，⑤为欧盟委员会确定的优先考虑欧洲利益的欧洲运输网络的活动，分配了 634 亿欧元。聚合基金还支持"连接欧洲基金"下的基础设施投资。

通过获得欧洲战略投资基金(EFSI)拨款，可以获得 PPP 基础设施项目的额外融资。⑥ EFSI 是欧盟委员会 2014 年欧洲投资计划的核心，并已成为欧盟委员会与欧洲投资银行的合资企业。它的目的是扭转下滑的投资趋势，但不

---

① Communication from the Commission. Europe 2020, A strategy for smart, sustainable and inclusive growth COM (2010) 2020 final.

② 有关欧洲投资银行不同的贷款工具的概述，请参见欧洲投资银行网站：http://www.eib.org/products/lending/index.htm(于 2016 年 12 月 25 日访问)。

③ 参见 http://www.eib.org/products/lending/index.htm(于 2016 年 12 月 25 日访问)。

④ Regulation (EU) No. 1301/2013 of the European Parliament and of the Council of 17 December 2013 on the European Regional Development Fund and on specific provisions concerning the Investment for growth and jobs goal, OJ 2013 L 347, 289－302.

⑤ Regulation (EU) No. 1302/2013 of the European Parliament and of the Council of 17 December 2013 amending Regulation (EC) No. 1082/2006 on a European grouping of territorial cooperation (EGTC) as regards the clarification, simplification and improvement of the establishment and functioning of such groupings, OJ 2013 L 347, 303－319；《欧盟联盟运行条约》第 175 条载有其法律基础。

⑥ Regulation (EU) 2015/1017 of the European Parliament and of the Council of 25 June 2015 on the European Fund for Strategic Investments, the European Investment Advisory Hub and the European Investment Project Portal and amending Regulations (EU) No. 1291/2013 and (EU) No. 1316/2013, "the European Fund for Strategic Investments", OJ 2015 L 169, 1－38.

影响国家公共预算。[①] 欧洲战略投资基金应该在3年内动员额外的投资达3150亿欧元。该计划有很大的影响力，欧盟保证初始预算160亿欧元，欧洲投资银行额外承诺50亿欧元。“现金”应该由欧盟成员通过欧洲投资项目门户(EIPP)[②]和开启私人投资来缴纳。单一准入的“欧洲投资咨询中心”(EIAH)[③]作为10个优先领域(包括“数字单一市场”“能源联盟”和“资本市场联盟”)的PPP平台。

六、欧洲基础设施政策和“一带一路”倡议

根据如今的《欧洲联盟条约》第170—172条和第194条第1款第4项，欧盟自1993年起就致力于运输、能源和电信领域的一体化。欧盟制定了可适用的技术标准，最重要的是，引进对欧盟各成员国有共同益处的优先项目。[④]

2011年，欧盟委员会发布了白皮书——《单一欧洲运输区路线图：迈向竞争和资源高效的交通运输体系》。[⑤] 它推动了(EU)第1315/2013号条例的颁布，确立了关于运输基础设施发展的2030年核心网络的准则以及2050年的全面网络的准则。[⑥] 该条例规定了铁路、海运和航空运输，道路、内陆水路和铁路终端等欧洲基础设施项目发展的长期战略，并确定了这些领域中的优先项目。此外，它针对新的和升级的基础设施确立了可操作性、安全性、环境兼容性、乘客权利以及竞争规则等方面的标准和要求。

能源部门的跨境实体互连仍然不发达，特别是在东部成员国间。继欧盟

---

① Communication from the Commission to the European Parliament, the Council, the European Central Bank, the European Economic and Social Committee, the Committee of the Regions and the European Investment Bank, “An Investment Plan for Europe”, COM (2014) 903 final.

② 参见欧盟委员会网站：https://ec.europa.eu/eipp/desktop/en/index.html(于2016年12月25日访问)。

③ 参见欧洲投资银行网站：http://www.eib.org/eiah/(于2016年12月25日访问)。

④ 泛欧洲网络：1993年1月1日的《欧洲联盟条约》(《马斯特里赫特条约》)，第12编，OJ 1992 C 191。

⑤ 白皮书，《一个单一欧洲运输区路线图：迈向竞争和资源高效的交通运输体系》，COM (2011) 144 final。

⑥ Regulation (EU) No. 1315/2013 of the European Parliament and of the Council on Union guidelines for the development of the trans-European transport network, OJ 2013 L 348.

委员会关于可持续增长战略[①]和2020年及以后的能源基础设施优先项目[②]的通报后,欧盟于2013年批准了欧洲能源基础设施准则。[③] 委员会将欧盟新能源基础设施政策纳入“欧洲能源网络(TEN-E)政策和融资框架”中。该准则确定了一些具有共同利益的欧洲优先区域,简化了许可程序,并为投资者通过“连接欧洲基金”获得欧盟财政援助项目的资格提供了依据。此外,委员会在授权监管中通过了248个关键能源基础设施项目的清单;此清单列表每两年更新一次。[④] 目前生效的有关欧盟能源法规的全面概述以及委员会关于能源侵权行为的最新决定都可以在委员会网站上找到。[⑤] 该准则还通过了关于欧洲电信基础设施网络(TEN-Telecom)的第283/2014号条例[⑥],涉及数字服务基础设施和具有欧洲共同利益的宽带网络,并规定了欧盟资助资格和优先项目的标准。[⑦] 在这一领域,欧盟和中国已签署了移动通信网络战略合作协议。[⑧]

---

① European Commission,“Europe 2020:A Strategy for Smart,Sustainable and Inclusive Growth” (the “Europe 2020 Strategy”),COM (2010) 2020 final.

② Communication from the Commission to the European Parliament, the Council, the European Economic and Social Committee and the Committee of the Regions,“Energy Infrastructure Priorities for 2020 and Beyond:A Blueprint for an Integrated European Energy Network”,COM (2010) 677 final.

③ Regulation (EU) No. 347/2013 of the European Parliament and of the Council on guidelines for trans-European energy infrastructure,OJ 2013 L 155。

④ 最后一次更新在2015年11月:Commission Delegated Regulation (EU) 2016/89 amending Regulation (EU) No. 347/2013 of the European Parliament and of the Council as regards the Union list of projects of common interest,OJ 2016 L 19;另参见欧盟委员会能源网站:http://ec. europa. eu/energy/en/topics/infrastructure/projects-common-interest(于2017年3月1日访问)。

⑤ 欧盟委员会执法:https://ec. europa. eu/energy/en/topics/enforcement-laws(于2016年12月25日访问)。

⑥ Regulation (EU) No. 283/2014 of the European Parliament and of the Council of 11 March 2014 on guidelines for trans-European networks in the area of telecommunications infrastructure,OJ 2014 L 86,14—26.

⑦ 另参见 Communication from the Commission of 19 May 2010 to the European Parliament,the Council,the European Economic and Social Committee and the Committee of the Regions,“A Digital Agenda for Europe”,COM (2010) 245 final。

⑧ 参见《中华人民共和国工业和信息化部与欧盟委员会关于在第五代移动通信领域开展战略合作的联合声明》:http://europa. eu/rapid/press-release_IP-15-5715_en. htm(于2016年12月25日访问)。

为了将整体的欧盟投资举措与习近平主席的“一带一路”倡议联系起来，中欧双方于 2015 年同意建立“连通平台”①，旨在促进共同基础设施规划、标准和融资方面的合作。该平台重点关注欧盟与中国之间运输走廊的确定和绘图。对欧洲的投资必须符合欧盟统一的基础设施政策。这项工作正在进行中，实践证明是困难的，不仅仅在于需要融资耦合和欧盟采购政策严格授予建设合同等方面。

① 欧盟委员会和中华人民共和国国家发展和改革委员会关于建立中国和欧盟间的连接平台的欧盟－中国谅解备忘录，北京，2015 年 9 月 28 日。

第六章　劳动管理和待遇的相关欧盟法律

欧盟及其成员国共同分享社会政策领域的立法权能。[①] 在就业政策方面，主要责任在于成员国，而欧盟的作用仅限于补充和协调其努力，以确保成员国的国家就业政策反映欧盟的经济政策，并且不会阻碍人员的自由流动。[②] 确实，《欧洲联盟运行条约》第 153 条第 5 款规定，在政治敏感领域，如“劳动报酬、结社权、罢工权或雇主停工权”的立法权能，仍然是成员国专属。[③]

因此，就业法的核心领域，如就业合同、生病继续支付工资或抵制不公平解雇由各成员国法律规制。然而，欧盟的就业法涉及很多高度相关的方面。本来，就业法中最重要的是与内部市场有关的一些问题，如实现基本自由和非歧视、工作条件的透明度和提高工作人员的健康和安全。[④] 现在，欧盟法律确保了员工的信息获取和咨询以及员工参与公司董事会的权利。[⑤]

绝大多数欧盟的立法法案都是以法令的形式制定的。指令要求转化为成员国法律；国家机关可以选择实施指令规定的有约束力的目标的形式和方

---

① 《欧洲联盟条约》第 4 条第 2 款第 2 项。

② Philippa Watson, EU Social and Employment Law. 2nd ed. Oxford: Oxford University Press, 2014: 13. 另参见《欧洲联盟运行条约》第 151 条。

③ 根据《欧洲联盟运行条约》第 153 条第 1 款第 2 项，“此等指令应避免施加可能阻碍中小企业的创建和发展的行政、财政和法律方面的限制”。

④ Karl Riesenhuber, European Employment Law: A Systematic Exposition. Portland: Intersentia, 2012: 25.

⑤ Karl Riesenhuber, European Employment Law: A Systematic Exposition. Portland: Intersentia, 2012: 25.

法。[1] 在社会政策领域，欧盟指令通常规定了最低要求，从而允许成员国维持或引入与条约相符合的更严格的保护性措施。[2] 条约规定可直接适用或欧盟可制定直接适用的法规。

尽管欧盟有一个就业法的法律体系，但是各成员国仍然有自己的规定。因此，成员国的就业条件可能会有很大差异。此外，尽管欧盟委员会对成员国法院有义务对欧盟法律的正确适用进行监督，但地方法院的做法也是截然不同的。[3] 关于直接适用或转换欧盟法律的内容或解释的任何问题将根据《欧洲联盟运行条约》第 267 条提交至欧洲法院。

一、条约法(欧盟基本法律)

虽然通过定期立法制定了大部分欧盟就业法，但《欧洲联盟条约》和《欧洲联盟运行条约》仍具有相当重要的实践意义，尽管（或者由于）其具有宪法性质：关于人员的自由流动的规定（《欧洲联盟运行条约》第 45 条及以下）和服务的自由流动的规定为工人和雇主创造了可直接援引的权利，尤其是（但不限于）非歧视原则。

首先，《欧洲联盟条约》第 3 条第 3 款要求欧盟致力于“建立具有高度竞争性的社会市场经济，实现充分就业和社会进步”和打击“社会排斥和歧视”。而且，它必须促进团结和平等，以及保护儿童的权利。[4] 这些目标根据以下法规来具体实施：涵盖就业条款的《欧洲联盟运行条约》第 9 编（第 145—150 条）和关于社会政策的《欧洲联盟运行条约》第 10 编（第 151—161 条）。授予联盟在就业所有领域的进一步基本权能的规定是在《欧洲联盟运行条约》第 18 条和第 19 条中，其为员工的自由流动提供了法律依据，《欧洲联盟运行条约》第 57 条规定了服务的自由流动。[5] 根据《欧洲联盟基础条约宪章》，《里斯本条约》纳入了基本权利的全面目录。[6]

1. 非歧视原则

禁止歧视是欧盟法律的基本原则之一。它适用于很多领域，但与就业法

---

① 《欧洲联盟运行条约》第 288 条第 3 款。

② 《欧洲联盟运行条约》第 153 条第 2 款第 2 项。

③ C-212/04 Adeneler，[2006]E. C. R. I-6057，第 115 段。

④ 《欧洲联盟条约》第 3 条第 3 款。

⑤ 然而，不得忽视与就业法相关的其他基本自由。

⑥ 《欧洲联盟运行条约》第 6 条第 1 款。

尤其相关。《欧洲联盟运行条约》第 18 条规定任何以国籍为理由的歧视均应禁止，《欧洲联盟运行条约》第 19 条授予联盟权利以采取适当行动来打击基于性别、种族、民族、宗教信仰、残疾、年龄、性取向的歧视。

《欧洲联盟运行条约》第 157 条规定了男女同工同酬的原则，其可直接援引来针对公共或私营雇主。①

2.员工的自由流动

“基本自由”也包含禁止歧视。工人自由流动的权利为欧盟公民提供了在欧盟境内自由移居的基本权利，并禁止对基于国籍的就业、报酬以及其他工作和就业条件的直接或间接歧视。② 其适用于所有就业阶段，包括就业申请程序以及受雇后留在成员国的权利。③ 这种基本自由直接适用于雇员和公私雇主。

3.提供服务的自由

提供（和接受）服务的自由允许服务提供商在欧盟单一市场上提供服务，而不考虑国家管辖。由于服务提供商必须满足其原籍国对经济活跃度的要求，因此，东道国（即服务提供地所在成员国）法律对其他成员国国民的适用可能会导致欧洲法院所称的“双重负担”。尽管《欧洲联盟运行条约》第 57 条要求在另一个成员国提供服务的人员遵守所有“东道国对本国国民施加的要求”，但是东道国必须审查服务提供商的原地管辖是否已经解决了其担忧。④自由也包括雇主向其他成员国输送非欧盟国民以提供服务的权利。为此，第三国国民必须与其雇主合法居住在同一成员国，由跨境服务提供商合法、经常地雇用，且跨境服务应为临时性质。⑤

---

① Evelyn Ellis and Philippa Watson, EU Anti-Discrimination Law. Oxford: Oxford University Press，2012：251.

② 但是，从《欧洲联盟运行条约》第 45 条第 4 款的意义上来看，公共服务中的就业不受第 45 条第 1—3 款的限制。

③ Karl Riesenhuber，European Employment Law：A Systematic Exposition. Portland：Intersentia，2012：90.

④ C-113/89，Rush Portugesa，［1990］ E. C. R. I-1439；另参见 Karl Riesenhuber，European Employment Law：A Systematic Exposition. Portland：Intersentia，2012：118。

⑤ C-43/93，Raymond van der Elst v. Office des Migrations，［1994］ E. C. R. I-3803，para. 26.

4.就业和社会政策

《欧洲联盟运行条约》第9编("就业")强调大多数就业法的制定仍然在成员国的权能范围内:因此,《欧洲联盟运行条约》第145—150条被称为"软法",因为它们不包含运作性的就业规则,而是允许联盟协调成员国的活动,并在相关机构作出决定后建议其改动。① 因此,它是促进欧盟目标的工具,非常依赖于辅助性原则,而不是可运作的法律体系。②

《欧洲联盟运行条约》第10编("社会政策")始于第151条。根据此条款,欧盟及其成员国"应致力于以下目标:促进就业;改善生活与工作条件,同时尽可能使之协调;适当的就业保护,劳资对话,开发人力资源以确保高水平就业;打击排斥"。

《欧洲联盟运行条约》第153—156条授予欧盟关于社会政策的二级立法权能,不仅包含支持和补充成员国活动的权能,还包括制定工作环境最低标准,以保障劳动者的健康与安全、工作条件、劳动者的社会保障与保护、对就业合同已终止的劳动者的保护、代表并保护集体劳动者与雇主的利益、在欧盟内合法居留的第三国国民的工作条件、接纳被排斥在劳动力市场之外的人员,以及在就业机会与劳动待遇方面实现男女平等(第153条第1款第1—9项)。《欧洲联盟运行条约》第157条第4款规定了男女同工同酬,且认可成员国维持或采取积极性区别待遇措施的权利。

在劳动法领域,欧洲联盟法院定义的一个关键概念是"报酬",规定在《欧洲联盟运行条约》第157条中,分别载于《就业平等框架》③和《反种族歧视法令》④中。第157条指出,"报酬"指"劳动者直接或间接因其被雇用而获得的对价"。在这个意义上,不仅严格意义上的工资是报酬的一部分,而且还包括

---

① Philippa Watson,EU Social and Employment Law. 2nd ed. Oxford:Oxford University Press,2014:12—13.

② Marco Biagi,The Impact of European Employment Strategy on the Role of Labour Law and Industrial Relations. International Journal of Comparative Labour Law and Industrial Relations,2000,16(2):155—173.

③ Council Directive 2000/78/EC of 27 November 2000 on establishing a general framework for equal treatment in employment and occupation (hereafter:ETFD),OJ 2000 L 303.

④ Council Directive 2000/43/EC of 29 June 2000 on implementing the principle of equal treatment between persons irrespective of racial or ethnic origin,OJ 2000 L 180.

将工人与雇主协议的所有其他款项。[①] 因此,外派津贴[②]、生育津贴[③]、圣诞奖金[④]和遗属的抚恤金[⑤]皆属于报酬的范围,并且必须不加歧视地发放。如果养老金(至少一部分)由雇主提供,且是合同成立而不是法定成立的,则可被定义为"报酬"。[⑥]

《欧洲联盟运行条约》第 159 条和第 161 条对欧盟委员会提出报告要求,而第 160 条规定设立咨询性的社会保护委员会。

二、欧盟二级法律

1. 可适用的实体法

就业合同:所有欧盟成员国的雇佣关系均以双方缔结的合同为依据。因此,每个成员国的国内合同法均适用于以下方面:例如关于缔结、终止和违约责任的后果,除非成员国的就业法规定了规制雇佣关系的特殊规则。关于若干国家法律制度之间的冲突,如果有关事项在欧洲作为合同之债处理,则可适用国际私法。根据《罗马规则 I》第 8 条第 1 款,缔约方可以自由选择适用于劳动合同的法律。[⑦] 在没有可选择的法律规定的情况下,合同将由雇员日常履行工作的国家的法律管辖。[⑧] 但是,在劳动法由公法规定的情况下,将优先适用东道国关于非法履行合同的规定。[⑨] 因此,即使雇佣关系与另一个国家有紧密联系,东道国就业保护法的地位也是极为重要的。[⑩]

---

① C-43/75, Defrenne v. Sabena, [1976] E. C. R. 455, para. 26; C-360/90, Arbeiterwohlfahrt der Stadt Berlin v. Böte, l [1992] E. C. R. I-3589, para. 14—15.

② C-20—71, Sabbatini v. European Parliament, [1972] ECR 345, para. 13.

③ C-342/93, Gillespie and others v. Northern Health and Social Services Board and others, [1996] E. C. R. 1—475, para. 14.

④ C-333/97, Lewen v. Denda, [1999] E. C. R. I-7243, para. 21.

⑤ Joint Cases C-75 and 117/82 Razzouk and Beydun v. Commission, [1984] E. C. R. 1509, para. 15.

⑥ C-80/70 Defrenne v. Belgian State, [1971] E. C. R. 445, para. 4.

⑦ Article 8 (1) Regulation (EC) No. 593/2008 of the European Parliament and the Council of 17 June 2008 on the law applicable to Contractual obligations (hereafter: Rome I Regulation), OJ 2008 L 177.

⑧ 《罗马规则 I》第 8 条第 2 款。

⑨ 《罗马规则 I》第 9 条第 3 款。

⑩ Karl Riesenhuber, European Employment Law: A Systematic Exposition. Portland: Intersentia, 2012: 183.

由经济活动引起的侵权行为：关于非合同之债，例如由经济活动引起的侵权行为，《罗马规则Ⅱ》[①]规定了适用的实体法和程序法（责任、损害赔偿、禁令救济和补救行动）。[②] 至于损害，发生损害的国家的法律适用于侵权行为。[③] 然而，根据《罗马规则Ⅱ》第 9 条，由经济活动引起的侵权行为（即工人、雇主或其组织的责任）受到经济活动所在国家法律的管辖。例外情况是，如果被指控的不法行为人和被认为的受害者在不法行为时有惯常居所，则适用普通惯常居所所在地国家的法律。[④] 另外，根据第 14 条第 1 款第 1 项规定，当事人可以在损害发生后选择适用的法律。根据第 26 条，如果这种适用不符合管辖地的公共政策，则只能拒绝《罗马规则Ⅱ》规定的任何国家的法律适用。

2.第三国国民准入

欧盟已经通过了三类关于第三国劳动者的指令：高技能劳动者[⑤]、季节性劳动者[⑥]、企业内部调动人员和带薪实习生。[⑦] 关于第三国国民以研究、学习、学生交换、有偿培训和无偿培训、志愿服务和换工为目的的入境和居住条件的

---

① Regulation (EC) No. 864/2007 of the European Parliament and of the Council of 11 July 2007 on the law applicable to non-contractual obligations (hereafter: Rome Ⅱ Regulation), OJ 2007 L 199.

② Karl Riesenhuber, European Employment Law: A Systematic Exposition. Portland: Intersentia, 2012: 189.

③ 《罗马规则Ⅱ》第 4 条第 1 款；Karl Riesenhuber, European Employment Law: A Systematic Exposition. Portland: Intersentia, 2012: 183；关于构成国家社会保障制度一部分的福利，该雇员受其所雇用国家的社会保障制度的制约。如果转移到另一个成员国，雇员仍在长达 12 个月的期限内受原成员国社会保障体系的规制。Christopher Parsons, Liability Rules, Compensation Systems and Safety at Work in Europe. The Geneva Papers on Risk and Insurance, 2002, 27(3): 358—382.

④ 《罗马规则 Ⅱ》第 4 条第 2 款。

⑤ Council Directive 2009/50/EC of 25 May 2009 on the conditions of entry and residence of third-country nationals for the purposes of highly qualified employment, OJ 2009 L 155.

⑥ Directive 2014/36/EU of the European Parliament and of the Council of 26 February 2014 on the conditions of entry and stay of third-country nationals for the purpose of employment as seasonal workers, OJ 2014 L 94.

⑦ Directive 2014/66/EU of the European Parliament and of the Council of 15 May 2014 on the conditions of entry and residence of third-country nationals in the framework of an intra-corporate transfer, OJ 2014 L 157.

进一步指令仍在谈判中。[①] 第三国国民进入和留在成员国超过3个月的权利由成员国的国内政策管辖，不受欧盟法律的影响，除非他们属于上述群体中的一种或是欧盟公民的家属。

高素质劳动者：第2009/50号指令为向高素质劳动者颁发被称为“欧盟蓝卡”(EBC)的特别居住和工作许可证，制定了一个协调一致的快速程序和通用标准。[②] 入境初始期限1—4年，需满足以下条件：(1)根据成员国的法律，存在就业合同或工作机会；(2)较高的专业资质；(3)符合有关成员国的1.5倍平均年薪总额的工资标准。[③] 欧盟蓝卡持有人在工作条件方面享有与国民同等的公平待遇，但在自由流动方面受到一些限制。[④] 在前18个月的就业期间，欧盟蓝卡持有人不得移居或迁移到另一个成员国工作。要变更在国外的停留时间，必须获得目的地国家的授权。允许欧盟蓝卡持有人的家属在6个月的等待期之后入境，并可以立即工作。[⑤] 此外，成员国法律规定更有利的条件是可能的。[⑥]

公司内部调动人员和带薪实习：为促进外国公司聘用的经理、专家和实习生的公司内部调动，欧盟已建立了透明和协调一致的入境、居住和工作条件。[⑦] 为符合公司内部许可证的资格，管理人员和专家需要在调动之前至少3—12个月连续地为跨国公司工作(对于实习生，为3—6个月)；成员国保留确定公司内部调动人员最多入境人数的权利。对于经理和专家，许可证有效期最长为3年；而对于实习生，其为1年。公司内部调动人员享有与国民同等

---

① 欧洲议会和欧盟理事会关于第三国国民入境和居留条件的指示提案，以用于研究、学习、学生交换、有偿和无偿培训、志愿服务和交换工，COM(2013年)151定稿。

② Directive 2009/50/EC。自2011年起，开始颁发单一许可证，即同时包含工作许可证和居留许可证。更多的信息请参见：http://www.eu-bluecard.com/work-and-residence-permit-the-single-permit-directive/(于2016年1月14日访问)。

③ 在严重短缺的情况下，一些职业的限额将被减至成员国的1.2倍平均年薪总额。Sonia Gsir, EU Labour Migration Policy. Refugee Survey Quarterly, 2013, 32(4): 90—111.

④ 但是，在停留的前两年内，欧盟蓝卡持有人仅能在各自成员国的授权下变更雇主。

⑤ Sonia Gsir, EU Labour Migration Policy. Refugee Survey Quarterly, 2013, 32(4): 90—111.

⑥ Sonia Gsir, EU Labour Migration Policy. Refugee Survey Quarterly, 2013, 32(4): 90—111.

⑦ Directive 2014/66 of the European Parliament and of the Council of 15 May 2014 on the conditions of entry and residence of third-country nationals in the framework of an intra-corporate transfer, OJ 2014 L 157.

待遇的工作条件。一个重要特征是，公司内部的调动人员可以免除申根签证的义务，并可在其他成员国入境、停留和工作，而不是最初允许他们入境的成员国。家庭成员如果同时申请，可以从调动开始之后陪同公司内部调动人员。[①]

季节性劳动者：在作为季节性劳动者申请工作许可证时，第三国国民必须提供工作合同或证明存在有效的工作机会，并包括符合成员国一般健康和安全要求的住宿的证明。[②] 如果雇主提供住宿，租金既不能过高，也不能自动从工资中扣除。任何12个月期间的最长停留时间为5—9个月，由成员国在该范围内确定。在最长停留期内，季节性工作者可以与同一雇主延长工作合同，或者多次变更雇主。[③]

3.派遣工人

《派遣工人指令》[④]制定了就业保护核心规定，反映了《欧洲联盟运行条约》第57条中的"工作地点原则"。该指令要求将最低工资[⑤]和最低带薪年假期扩展至派遣工人。[⑥] 但是，除了就业保护核心规定，包括建立最低工资或最低带薪假期的国家雇员保护法，成员国只能对其他成员国的服务提供商适用其各自的法律，前提是这些法律追求合法的公共政策目标，为员工提供额外的保护，以及遵守相称的原则。[⑦] 对于派遣的第三国国民而言，东道成员国不得对在另一成员国设立的服务提供商的合法从业人员施加行政手续或附加条

① Sankar Ramasamy, The Role of Employers and Employer Engagement in Labour Migration from Third Countries to the EU. Social, Employment and Migration Working Papers (No. 178). Paris: OECD Publishing, 2016: 13—14.

② Directive 2014/36/EU of the European Parliament and of the Council of 26 February 2014 on the conditions of entry and stay of third-country nationals for the purpose of employment as seasonal workers, OJ 2014 L 94.

③ Articles 14/15 Directive 2014/36/EU.

④ Directive 96/71/EC of the European Parliament and of the Council of 16 December 1996 concerning the posting of workers in the framework of the provision of services, OJ 1997 L 18/1.

⑤ 由东道成员国确定；该指令仅要求东道国将最低工资扩展至派遣工人(《派遣工人指令》第3条第1款第2项)。

⑥ 货物的初次装配(《派遣工人指令》第3条第2款)，短期派遣和无关紧要的工程(《派遣工人指令》第3条第3款)可从这些义务中免除。

⑦ Karl Riesenhuber, European Employment Law: A Systematic Exposition. Portland: Intersentia, 2012: 118.

件。因此,雇用当地员工而要求特殊工作许可证或条件是非法的。[①] 但是,东道国的最低工资仍然适用于派遣工人。每日津贴和日常旅行补偿金被认为是工资的一部分,均适用最低工资,而住宿费用和餐券不属于其范围。[②]

4.就业关系中的平等待遇

如上所述,欧盟基本法律确定了非歧视原则。此外,重要的二级法律规定了平等待遇的基本原则:《平等待遇指令》[③]禁止基于性别的不利待遇,而《反种族歧视法令》[④]旨在反对基于种族和民族的歧视。《平等待遇指令》[⑤]禁止基于宗教或信仰、残疾、年龄和性取向等方面的歧视。这些指令均禁止直接和间接歧视。但是,就业方面的区别可以是正当的:如果体现了"真实的且决定性的职业要求"[⑥],那么基于性别、种族和民族的不同待遇符合欧盟法律规定。

禁止在就业和工资条件方面的歧视。具体规定适用于基于年龄和残疾的歧视。[⑦] 年龄歧视可以通过就业政策、劳动力市场和职业培训目标来证明是合理的;许多成员国仍然有强制退休年龄。但应给予残疾人适当的调整。[⑧]

在违反反歧视法的情况下,成员国对制裁的严重程度有相当大的裁量余地;只有《平等待遇指令》才具有对实际和有效的补偿金或赔偿金提出索赔的具体义务。[⑨]

---

① C-91/13,Essent Energie Productie,[2014] para. 59.

② C-396/13,Sähköalojen ammattiliitto,[2015] para. 70.

③ Directive 2006/54/EC of the European Parliament and of the Council of 5 July 2006 on the implementation of the principle of equal opportunities and equal treatment of men and women in matters of employment and occupation,OJ 2006 L 204.

④ Council Directive 2000/43/EC of 29 June 2000 on implementing the principle of equal treatment between persons irrespective of racial or ethnic origin,OJ 2000 L 180.

⑤ Council Directive 2000/78/EC of 27 November 2000 on establishing a general framework for equal treatment in employment and occupation (hereafter:ETFD),OJ 2000 L 303.

⑥ Article 14(2) Directive 2006/54/EC.

⑦ Karl Riesenhuber, European Employment Law: A Systematic Exposition. Portland: Intersentia,2012:252.

⑧ Article 17 Directive 2006/54/EC;另参见 ETFD 第 5 条("残疾人士的合理住宿"):"为了确保残疾人受到平等待遇,雇主应提供合理住宿。这意味着雇主在特定情况下需要采取适当措施,使残疾人有机会参与或提前就业,或接受培训,除非这种措施将使雇主承担不成比例的负担。当有关成员国的残疾人政策框架内存在的措施得以充分的补救时,这种负担就不能称为不成比例。"

⑨ Karl Riesenhuber, European Employment Law: A Systematic Exposition. Portland: Intersentia,2012:253.

三、欧盟劳工保护法

1.工作中的健康保护和安全

欧洲就业法大部分是工业安全立法。[①]《安全与健康框架指令》(SHFD)[②]阐述了工业安全立法原则的基础和依据，规定了确保工业健康和安全所应遵守的基本原则。[③]

《安全与健康框架指令》第5条规定了雇主在各方面确保工人安全和健康的义务。[④] 其第16条第1款颁布了个人指令，以确保工人健康和安全的各个方面，如工作场所和工作设备[⑤]、临时或移动施工现场[⑥]、物理和化学毒剂[⑦]、钻探和采矿[⑧]以及渔船作业[⑨]。

---

① Rolf Birk, Die Rahmenrichtlinieüber die Sicherheit und den Gesundheitsschutz am Arbeitsplatz (RL 89/391/EWG):Umorientierung des Arbeitsschutzes und bisherige Umsetzung in den Mitgliedstaaten der Europäischen Union. Otfried Wlotzke, Rudolf Anzinger, Rolf Wank (eds.), Entwicklungenim Arbeitsrecht und Arbeitsschutzrecht: Festschrift für Otfried Wlotzke. München: Beck, 1996: 645—667.

② Council Directive 89/391/EEC of 12 June 1989 on the introduction of measures to encourage improvements in the safety and health of workers, OJ 1989 L 183.

③ 《安全与健康框架指令》(SHFD)第六条。

④ 但是，欧洲法院发现，英国立法规定："只要在合理可行的范围内"即符合《安全与健康框架指令》(SHFD)的要求；C-127/05, Commission v. United Kingdom[2007], E. C. R I-4619, 39—51。

⑤ 1989年11月30日关于工作场所最低安全和健康要求的第89/654号指令，OJ 1998 L 393；2001年6月27日，欧洲议会和欧盟理事会第2001/45/EC号指令关于工人在工作场所使用工作设备的最低安全和健康要求，修改了欧盟理事会第89/655/EEC号指令，OJ 2001 L 195/46。

⑥ Council Directive 92/57/EEC of 24 June 1992 on the implementation of minimum safety and health requirements at temporary or mobile construction sites, OJ 1992 L 245.

⑦ 2002年6月25日，欧洲议会和欧盟理事会第2002/44/EC号指令关于工人接触物理制剂(振动)风险的最低健康和安全要求，OJ 2002 L 177；2003年2月6日，欧洲议会和欧盟理事会第2003/10/EC号指令关于工人接触物理制剂(噪声)引起的危险的最低健康和安全要求，OJ 2003 L 45；1998年4月7日，欧盟理事会第98/24/EC号指令关于保护工人健康和安全免受工作中的化学制剂威胁，OJ 1998 L 131。

⑧ 1992年11月3日欧盟理事会第92/91/EEC号指令关于提高采矿工业工人的安全和健康保护的最低要求，OJ 1992 L 348；1992年12月3日欧盟理事会第92/104/EEC号指令关于提高对地表和地下采矿业工人的安全和健康保护的最低要求，OJ 1992 L 404。

⑨ Council Directive 93/103/EC of 23 November 1990 concerning the minimum safety and health requirements for work on board fishing vessels, OJ 1993 L 307.

2.工作时间法规

为保护工人,《工作时间指令》[①]规定了每周最多工作时间为48小时,每日最少休息时间为连续11小时,有充足的休息时间和最少为4周的带薪年假。另外,规定了夜班工作平均最多为8个小时,且对于夜班工人和轮班工人,应采取适当的预防措施。[②]

3.工作中的生育保护、产假和青年人保护

《生育保护指令》[③]要求成员国禁止怀孕和哺乳妇女从事具有特定风险的活动。为此,雇主有义务进行风险评估。[④] 成员国必须颁布立法,根据该立法,确保至少连续14周的产假。此外,员工在产假期间继续获得工资或适当津贴的权利需要得到国内法律的保障。《产假指令》[⑤]补充了《生育保护指令》,该指令要求成员国授予个人基于有孩子或收养孩子的最多4个月育儿假以及家庭紧急情况下离职的权利。

《工作中的青少年保护指令》适用于15岁以下的青少年和18岁以下的青少年。[⑥] 禁止童工,限制青少年的工作时间为每天最多8小时,每周最多40小时,并禁止夜班工作。无论如何,年轻人的工作条件必须与年龄相适应。

四、集体雇佣权

集体劳工权利已在欧洲确立。《欧洲联盟运行条约》第153条第5款明确从欧盟权能中排除"劳动报酬、结社权、罢工权或雇主停工权"。尤其是,劳动条件和工资很大程度上由成员国的集体协议来规制。

大多数成员国(奥地利、塞浦路斯、丹麦、芬兰、意大利和瑞典除外)规定了

---

① Directive 2003/88/EC of the European Parliament and the Council of 4 November 2003 concerning certain aspects of working time,OJ 2003 L 299.

② Karl Riesenhuber, European Employment Law: A Systematic Exposition. Portland: Intersentia,2012:400.

③ 1992年10月19日理事会第92/85/EEC号指令关于采取措施鼓励改善孕妇、产妇或哺乳期职工的工作安全和健康,OJ 1992 L 348。

④ 《生育保护指令》第4条第1款和附件1,参见上述脚注。

⑤ Council Directive 2010/18/EU of 8 March 2010 implementing the revised Framework Agreement on parental leave concluded by Businesseurope, Ueapme, CEEP and ETUC and repealing Directive 96/34/EC,OJ 2010 L 68;不包括工资问题,但是成员国需要考虑收入问题。

⑥ Council Directive 94/33/EC of 22 June 1994 on the protection of young people at work,OJ 1994 L 216.

最低工资。所规定的最低工资是非常多样化的，从保加利亚的每月 184 欧元到卢森堡的 1923 欧元(2015 年)。[①] 在欧洲层面上，集体协议仅限于员工参与。他们采取社会伙伴之间框架协议的形式，并根据指令实施。[②]

信息和咨询：《信息和咨询框架指令》适用于至少雇用 50 名员工的企业和机构。[③] 其规定了员工对企业活动和经济状况可能的发展信息的知情和咨询权。此外，企业或机构还应提供关于其组织内就业可能发展的信息和咨询；特别是在以下情况中：存在就业危险，或者其决定可能导致工作组织或合同关系发生重大变化。[④]

欧洲劳资联合委员会：对于大型企业，《欧洲劳资联合委员会指令》[⑤]规定，更多员工可以参与到欧盟内企业的经营。建立欧洲劳资联合委员会(EWC)的权利仅适用于在欧洲经济区雇用至少 1000 名工人的企业和在至少两个成员国内各雇用 150 名及以上员工的企业。欧洲劳资联合委员会代表了企业中的欧洲员工，并确保在跨国层面上就可能影响到他们的重大决策征求工人意见。

欧洲股份公司(Societas Europaea)：欧洲股份公司是一种新的超国家公司形式，是在欧洲经济区的多个成员国运营的公司，甚至是一个合并的公司，可以根据一套规则和统一的管理体系来运行。这样的公司结构需要员工参与。[⑥] 为此，《建立一个通知和咨询员工的总体框架的指令》规定了确定员工

---

① 可参见：http://www.euractiv.com/section/social-europe-jobsnewssurvey-minimum-wages-uneven-in-eu/(于 2016 年 11 月 22 日访问)。

② Karl Riesenhuber, European Employment Law: A Systematic Exposition. Portland: Intersentia, 2012: 633－638.

③ Directive 2002/14/EC of the European Parliament and of the Council of 11 March 2002 establishing a general framework for informing and consulting employees in the European Community, OJ 2002 L 80.

④ 参见：http://ec.europa.eu/social/main.jsp? catId=707&langId=en&intPageId=210(于 2016 年 2 月 22 日访问)。

⑤ Directive 2009/38/EC of the European Parliament and of the Council of 6 May 2009 on the establishment of a European Works Council or a procedure in Community-scale undertakings and Community-scale groups of undertakings for the purposes of informing and consulting employees, OJ 2009 L 122/28.

⑥ Karl Riesenhuber, European Employment Law: A Systematic Exposition. Portland: Intersentia, 2012: 714.

参与的谈判程序,实际上类似于欧洲劳资联合委员会。[①]

五、业务重组中员工的保护

为了提高对受到大规模解雇影响的工人的保护,《集体资遣指令》要求雇主通知和咨询各自的雇员代表。[②] 此外,必须向主管公共机关通报该大规模解雇,直到通知满 30 天才能生效。

根据适用的欧盟理事会指令的规定,企业转让不能成为解雇员工的有效理由。[③] 受让人必须在不影响基于经济、技术或组织的情况下接管主要员工。[④] 此外,原始就业关系中的权利和义务(包括雇佣合同和集体协议两方面)应转让给受让人。[⑤] 必须指出的是,该指令只要求成员国就"转让"的发生制定相关国内规则。虽然指令给出了"转让"一词定义的指导意见,但成员国留下了相当大的裁量余地,这与破产案件特别相关。

六、家庭成员的自由流动

家庭成员,包括第三国国民,可以与工人一起迁移到另一个欧盟成员国。[⑥] 家庭成员仅能适用(EC)第 539/2001 号条例,或在适当的情况下,适用成员国法律。[⑦]

---

① Council Directive 2001/86/EC of 8 October 2001 supplementing the Statute for a European company with regard to the involvement of employees, OJ 2001 L294; Alan C. Neal, The Changing Face of European Labour Law and Social Policy. The Hague: Kluwer Law International, 2004: 43.

② Council Directive 98/59/EC of 20 July 1998 on the approximation of the laws of the Member states relating to collective redundancies, OJ 1998 L 225.

③ 2001 年 3 月 12 日欧盟理事会第 2001/23/EC 号指令关于成员国在企业、商业活动转让或部分的企业、商业活动转让情况下保障雇员权利的法律,OJ 2001 L 82.

④ Article 4(1), Council Directive 2001/23/EC.

⑤ 参见:http://ec.europa.eu/social/main.jsp?catId=706&langId=en&intPageId=208(于 2016 年 2 月 24 日访问)。

⑥ 2004 年 4 月 29 日欧洲议会和欧盟理事会第 2004/38/EC 号指令第 5 条关于欧盟公民及其家庭成员在成员国领土内自由迁移和居住的权利,修改了(EEC)第 1612/68 号条例,OJ 2004 L 229。

⑦ Articles 5—8, Directive 2004/38/EC.

第七章　欧盟环境法

一、简介

在大多数领域，欧盟与其成员国之间共享环境问题的立法权限。[①] 欧盟立法的法律依据现载于《欧洲联盟运行条约》第 191—193 条。鉴于环境保护的巨大成本（以及更大的污染成本），“在一个无内部边界的区域内，保障货物、人员、服务和资本的自由流动”（《欧洲联盟运行条约》第 26 条第 2 款）似乎需要整个欧盟的环境策略协调一致。事实上，自 20 世纪 70 年代初起，欧盟已通过了 300 多部立法法案。[②] 这些法案中的大多数采用了指令的形式，法案“应具有约束力，通知每个成员国调查结果，但是应向成员国当局提供形式和方法上的选择”。[③] 因此，成员国有义务在其各自的国家法律中实施指令。关于如何将新规则更好地纳入现行法律制度的决定是在国家层面上进行的。[④] 当欧盟通过规则规制环境问题且其在所有成员国直接适用时，可能需要成员国额

① 《欧洲联盟运行条约》第 4 条第 2 款第 5 项。

② 有关最新的环境法律清单，请参见 http://eur-lex.europa.eu/browse/pdf/directories/legislation.html? file=chapter 15.pdf&classification=in-force（于 2015 年 12 月 10 日访问）。

③ 《欧洲联盟运行条约》第 288 条，另参见：Andrew Farmer (ed.), Sourcebook on EU Environmental Law, Prepared by the Institute for European Environmental Policy, 2010（以下简称 Sourcebook），http://www.eib.org/attachments/strategies/sourcebook_on_eu_environmental_law_en.pdf（于 2015 年 11 月 23 日访问），5—6。

④ 对某些环境指令及其在成员国的实施进行的严格比较，请参见：Barbara Beijen, Seeking Coherence among Environmental Directives. Marjan Peeters and Rosa Uylenburg (eds.), EU Environmental Legislation Legal Perspectives on Regulatory Strategies. Cheltenham, UK: Edward Elgar Publishing, 2014: 70—87.

外的(行政)措施以确保其适用。①

因此,任何项目开发商或赞助商都需要考虑到项目所在欧盟成员国的国家法律和欧盟法律。②

欧盟委员会负责保障欧盟基本法律和二级法律的适用。③ 如果委员会认为成员国没有履行这样的义务,例如忠实执行指令,可向有关成员国提出一份附有理由的意见。如果成员国在规定的期限内未遵守其意见,委员会可将该事项提交欧洲法院。④ 如果欧洲法院认为成员国未能履行其义务,它将要求成员国采取必要措施,以执行欧洲法院的判决。如果委员会认为成员国没有采取必要措施来执行判决,可以向欧洲法院再次起诉,可能会对其进行一次性罚款或处以罚金。⑤

1. 法律(欧盟基本法律)

欧盟在其环境政策的开始就提出了"高度保护环境和改善环境质量"⑥的目标,同时促进了国际法的严格遵守和发展。⑦ 这个目标在《欧洲联盟运行条约》的第20编(第191—193条)中阐明。欧盟的环境政策旨在保持、保护和改善环境质量,保护人类健康,审慎合理地利用自然资源,并在国际层面推动应对地区或全球环境问题的措施,尤其是应对气候变化。⑧

由于其高层次的保护目标,欧盟及其成员国已采取预防性原则,而且采取预防措施比采取补救行动更可取:优先处理破坏环境的源头,以及确立谁污染谁付费的原则。⑨

欧盟考虑了以下因素:可利用的科学与技术资料,联盟不同地区的环境条件,采取行动或不采取行动可能产生的收益和成本,以及联盟的整体经济与社

① 参见 Bernhard W. Wegener, in Armin Hatje and Peter-Christian Müller Graff (eds.), Europäische Querschnittpolitiken, (Enzyklopädie Europarecht, Band 8). Baden-Baden: Nomos, 2014:164,184。

② 参见 Sourcebook,第6页。

③ 《欧洲联盟条约》第17条。

④ 《欧洲联盟运行条约》第258条。

⑤ 《欧洲联盟运行条约》第260条。

⑥ 《欧洲联盟条约》第3条第3款。

⑦ 《欧洲联盟条约》第3条第5款。

⑧ 《欧洲联盟运行条约》第191条第1款。

⑨ 《欧洲联盟运行条约》第191条第2款。

会发展及各地区之间的平衡发展。[①]

2.欧盟立法(二级法律)

欧盟立法制定了全面的环境政策，包含空气、陆地、海洋和海岸、自然、生物多样性、降噪、土壤、城市环境、废水和水等方面。欧盟立法进一步规范化学品的使用，要求可持续发展、循环经济和环境评估，要求在公共采购中考虑环境问题，并制定实施情况审查。[②]

目前的第七轮《环境行动计划》于2014年生效，将持续至2020年。[③] 其确定了三个主要目标：(1)保护和提高联盟自然资本；(2)转型为资源节约型低碳经济；(3)保护公民免受环境相关的健康问题的威胁和风险。

鉴于现存有300多部环境相关的二级欧盟法律，本章将重点介绍适用于欧盟任意项目的主要跨部门要求，但不对特定环境标准相关的法律进行描述，如空气、水、噪声和废物处理。我们参考了欧盟委员会网站[④]上的详细概述和大量相关文献。[⑤]

二、环境影响评价

评估某些公私项目对环境影响的指令(《环境影响评价指令》，EIA)[⑥]，对

---

① 《欧洲联盟运行条约》第191条第3款。

② http://ec.europa.eu/environment/water/index_en.htm#(于2016年10月25日访问)。

③ Decision No. 1386/2013/EU of the European Parliament and of the Council of 20 November 2013 on a General Union Environment Action Programme to 2020 "Living well, within the limits of our planet", OJ 2013 L 354, 28.12.2013, 171—200.

④ http://ec.europa.eu/dgs/environment/index_en.htm#(于2016年10月25日访问)。

⑤ 很多文献载于欧盟研讨会中：http://bookshop.europa.eu/is-bin/INTERSHOP.enfinity/WFS/EU-Bookshop-Site/en_GB/-/EUR/ViewStandardCatalog-Browse? CatalogCategoryID=r1sKABstjgMAAAEjvIYY4e5K(于2016年10月25日访问)。

⑥ Directive 2011/92/EU on the assessment of the effects of certain public and private projects on the environment as amended by Directive 2014/52/EU of the European Parliament and of the Council of 16 April 2014. 原先的《环境影响评价指令》于1985年生效，根据国际环境法分别于1997年、2003年和2009年进行了修订，最终于2011年编入汇编版本，并于2014年再次修订，参见 http://ec.europa.eu/environment/eia/eia-legalcontext.htm(于2016年10月25日访问)。

任何重大投资项目都有广泛的影响。① 该指令的目的是"评估公私项目对环境的影响,以实现联盟在保护环境和生活质量方面的目标"。② 它要求项目开发商在众多领域内系统评估"那些可能会对环境产生重大影响的公共和私有项目"。③ 自 2014 年修订指令以来,需要对以下因素进行评估来确定、描述和评估项目的直接和间接重大影响:

(1)人口与人类健康;

(2)生物多样性,特别注意受第 92/43/EEC 号指令和第 2009/147/EC 号指令保护的物种和栖息地;

(3)土地、土壤、水、空气和气候;

(4)物质资产、文化遗产和景观;

(5)(1)至(4)点所提及的各因素之间的相互作用。④

一般来说,《环境影响评价指令》附件 1 所列项目必须经过环境影响评估,才能获得批准。附件 1 涵盖对环境影响较大的大型项目,例如原油炼油厂、发电厂、高速公路、铁路或水路、废物处理设施建设等。对于附件 2 所列项目,成员国在筛选过程中自行决定项目是否按照具体情况进行评估,或者根据成员具体定义的阈值或标准进行评估。⑤ 要考虑的特点列在附件 3 中,特别是:

(1)整个工程的规模和设计;

(2)与其他现有或批准的项目相结合;

(3)利用自然资源,尤其是土地、土壤、水和生物多样性;

(4)废物生产;

(5)污染和滋扰;

(6)根据科学知识,与项目有关的重大事故或灾害的风险,包括气候变化造成的风险;

(7)人类健康的风险(例如由水污染和空气污染造成的风险)⑥。

如果需要进行环境影响评估,开发商必须提交至少包括以下内容的报告:

---

① 参见 Sourcebook,第 11—22 页。

② C-420/11,Jutta Leth v. Österreich,[2013],para. 28.

③ 《环境影响评价指令》第 1 条第 1 款。

④ 《环境影响评价指令》第 3 条第 1 款。

⑤ 《环境影响评价指令》第 4 条第 1 款和第 2 款。

⑥ 《环境影响评价指令》附件 3 第 1 条。

(1)描述项目,包括其现场、设计、规模和其他相关特征的信息;

(2)描述项目对环境可能产生的重大影响;

(3)描述项目的特征或拟行的措施,以避免、预防或减少,如有可能,抵消对环境的重大不利影响;

(4)描述开发商所研究的与项目相关的合理备选方案及其具体特征,说明所作选择的主要原因,并考虑到项目对环境的影响;

(5)(1)至(4)点所提及的资料的非技术性总结;

(6)与特定项目或某类型项目的具体特征以及可能受影响的环境特征有关的附件4所列附加信息。①

为了确保相关公众的有效参与,必须以电子方式或其他适当方式在决策程序的早期提供资料。②

一旦成员国主管当局决定批准或拒绝开发许可,则必须及时告知公众其决定、附带的任何条件以及该决定所依据的主要理由和考虑因素。③

除《环境影响评价指令》外,有关评估某些计划和规划对环境的影响的指令(《战略环境评价》,SEA)④也规定了单独的战略环境评估。然而,战略环境评估只适用于公共计划和规划,而不适用于特定项目。

三、获取环境信息的权利

根据《奥胡斯公约》,关于在环境问题上获得信息、公众参与决策和诉诸法律的公约,欧盟颁布了关于公众获取环境信息的指令。⑤ 该指令的目标是建立公众获取公共机构所掌握的环境信息的权利,并且确保环境信息逐步提供和传播给公众,以便尽可能广泛、系统地向公众提供和传播环境信息。⑥

---

① 《环境影响评价指令》第5条第1款。

② 《环境影响评价指令》第6条第2款。

③ 《环境影响评价指令》第9条第1款。

④ Directive 2001/42/EC of the European Parliament and of the Council of 27 June 2001 on the assessment of the effects of certain plans and programmes on the environment,OJ L 197,21.7.2001,30—37.

⑤ Directive 2003/4/EC of the European Parliament and of the Council of 28 January 2003 on public access to environmental information and repealing Council Directive 90/313/EEC. 另参见 Sourcebook,23—28.

⑥ 第2003/4/EC号指令第1条。

环境信息应被理解为任何有关环境要素状况的书面、视觉、听觉、电子或其他材料的信息；环境要素，如影响或可能影响环境的废物、物质、能源噪声或辐射；措施，如影响或可能影响这些要素的活动、政策、立法和环境协议；关于执行环境立法的报告；在措施和活动框架内使用的经济分析和假设；以及人类健康和安全状况，包括文化遗产和建筑结构受到或可能受到环境因素影响的程度。[①]

成员国必须确保公共当局"根据请求且在不必陈述利益的情况下"[②]向任何申请人提供其所掌握的环境信息。成员国还必须确保官员支持公众查询信息；公共机构名单是公开的；并确保访问权可以有效行使。[③] 查看任何公共登记册或列表，对信息进行查验是免费的。然而，公共当局可以就提供环境信息而收取合理的费用。[④]

以下情况当局可能拒绝信息请求：公共当局不持有信息；请求显然是不合理的；信息是以一般的方式制定的；所要求的信息尚未完成；该请求涉及内部沟通或披露信息将产生不利影响。[⑤]

四、一体化污染和治理

《工业排放指令》(IED)[⑥]将七个先前的指令[⑦]汇编为一个单一的指令。它包括运行工业和农业活动最大的设备所引起的污染防治一体化的基本规定。[⑧]

采用一体化的方法，该指令规定了设备的环境影响。这种方法旨在防止或确无法防止的地区减少向空气、水和土壤排放废物，以实现对环境更好地整体保护。[⑨] 指令要求成员国采取一切必要措施，确保所有设备、燃烧设

① 第 2003/4/EC 号指令第 2 条第 2 款。

② 第 2003/4/EC 号指令第 3 条第 1 款。

③ 第 2003/4/EC 号指令第 3 条第 5 款。

④ 第 2003/4/EC 号指令第 5 条。

⑤ 第 2003/4/EC 号指令第 4 条。

⑥ Directive 2010/75/EU of the European Parliament and of the Council of 24 November 2010 on industrial emissions (integrated pollution prevention and control).

⑦ 《污染综合防治指令》《大型燃烧装置指令》《废物焚烧指令》《溶剂排放指令》和有关二氧化钛的三个指令。

⑧ 参见 Sourcebook，第 35—43 页。

⑨ 《工业排放指令》第 1 条。

备、废物焚烧设备都在持证条件下运营[①]，由成员国的主管部门给符合本指令要求的设备授予许可证。[②] 附录1列出了所设计的工业活动[③]，成员国必须确保相关设备的运行遵守经营者基本义务的原则：采取所有适当的措施防止污染产生，实施最佳可行技术以实现更好的环境保护（欧盟最佳可行技术，BATs），不发生大规模污染，防止产生并管理废物，有效利用资源以及采取必要措施防止事故的发生并且减少已发生事故的影响。[④] 成员国主管部门的许可证条件和监测要求必须基于欧盟委员会通过的欧盟最佳可行技术参考文件和结论。[⑤] 成员国负责确保许可条件得到遵守。如果发生违规行为，成员国需要确保经营者立即通知主管部门并采取必要措施，以尽快恢复合规性。

五、环境责任

《环境责任指令》[⑥]旨在根据"污染者付费"的原则建立环境责任体制，从而预防或补救环境损害。[⑦] 经营者应承担预防环境损害和补救行动的费用[⑧]，此损害指对受保护物种和自然栖息地的损害、对水资源的损害以及对土地的损害。"经营者"(operator)是指，任何经营或者控制职业性活动的自然人或法人、私法人或公法人。[⑨]

经营者从事的职业性活动列举在附件3中，包含产生有害化学品的设备、对废物掩埋场所和废物焚化工厂的操作，将重金属排入水中或空气中的任何活动，以及任何故意向环境中排放、运输或在市场上出售的转基因生物品的行为，如无过错证明，均受到严格责任的约束。当损害由以下原因引起时，存在

---

① 《工业排放指令》第4条。

② 《工业排放指令》第5条。

③ 《工业排放指令》第10条。

④ 《工业排放指令》第11条。

⑤ 《工业排放指令》第13条和第16条。

⑥ Directive 2004/35/EC of the European Parliament and of the Council of 21 April 2004 on environmental liability with regard to the prevention and remedying of environmental damage as amended by Directive 2013/30/EU of the European Parliament and of the Council of 12 June 2013. 另参见 Sourcebook，29—34。

⑦ 《环境责任指令》第1条。

⑧ 《环境责任指令》第8条。

⑨ 《环境责任指令》第2条。

例外情况:武装冲突行为、敌对、内战或起义[①],或异常的、不可避免的和不可克服的自然现象,以及核危险或国防活动。[②]

相比之下,当经营者从事非附件3所列明的任何职业性活动进而对受保护的物种和自然栖息地造成损害时,若有过错或过失,则需要承担责任。[③]

当存在环境损害的紧急威胁时,经营者应当毫不迟延地采取必要的预防措施。如果这些措施不足以消除威胁,经营者必须尽快向主管机关报告。[④]如果损害已经发生,经营者必须根据附件2确定可能的补救措施,并提请主管机关批准该补救措施。[⑤]主管机关必须在与经营者合作且考虑利益各方提交报告的情况下,决定采取什么措施。[⑥]

一般而言,经营者承担必要的预防和补救行动的费用。[⑦]但是,经营者的环境损害或该损害的紧急威胁是由下列原因造成的情况下,可不承担这些费用:由第三人造成且发生的,尽管事实上适当的安全措施已经得到实施;或其是由于遵循某一公共机关发布的强制性命令或指示而产生的,而不是因为遵循经营者自身经营活动造成的排放或事件(不可抗力)之后的某一命令或指示而产生的。[⑧]经营者负举证责任。

如果经营者能证明环境损害是由明示授权的某一排放或事件造成的,并且完全符合附件3所列举的实施欧盟立法的国家法律的授权条件("合规抗辩"或"许可抗辩"),成员国可允许经营者不承担采取补救行为的费用。或者,当经营者证明,某一排放或活动,或使用某一产品的任何方式,根据该排放发生时或活动进行时的科学和技术知识的状况,不被视为可能造成环境损害时,经营者可根据国内立法不承担责任("业内技术水平抗辩")。

六、环境刑法

为了采取有效的执法手段来打击严重的环境违法行为,欧盟立法者于

---

① 《环境责任指令》第4条第1款。

② 《环境责任指令》第4条第4款和第6款。

③ 《环境责任指令》第3条。

④ 《环境责任指令》第5条。

⑤ 《环境责任指令》第6条和第7条第1款。

⑥ 《环境责任指令》第7条第2—4款。

⑦ 《环境责任指令》第8条第1款。

⑧ 《环境责任指令》第8条第3款。

2008 年，在欧盟立法史上首次通过了包含民事和行政责任的刑事法律规定指令。[①] 通过刑法保护环境的第 2008/99/EC 号指令建立了刑事罪名，以进一步鼓励各成员国遵守环境保护法。[②] 成员国需要确保指令所列举或提到的罪行可通过有效、相称和劝诫性的刑事处罚进行惩罚。[③]

为了定义“非法”，相关行为必须违反下列立法：《欧洲联盟条约》(附件 A)、《欧洲原子能共同体条约》(附件 B)和实施欧盟法的成员国立法。[④] 该指令列举了 9 种构成刑事犯罪的类型。[⑤] 煽动、协助或教唆这些违法犯罪的行为也会受到惩罚。[⑥] 该指令为自然人和法人建立了刑事责任，如果任何有权为该实体行事的人为了法人的利益实施了犯罪行为，无论是否采取特别行动或履行其作为法人的职能，都要承担刑事责任。[⑦] 因为许多成员国以前没有法人刑事责任的经验，所以第 2008/99/EC 号指令要求它们采取必要措施，确保对这些实体有效、相称和劝诫性的刑事处罚。[⑧]

七、环境保护制度

根据实现“高度环境保护和改善环境质量”的整体目标[⑨]，欧盟通过了所

---

① Directive 2008/99/EC of the European Parliament and of the Council of 19 November 2008 on the protection of the environment through criminal law，OJ L 328，6. 12. 2008，28—37. 关于该指令的批判性讨论参见：Armelle Gouritin and Paul De Hert，Directive 2008/99/EC of 19 November 2008 on the Protection of the Environment Through Criminal Law：A New Start for Criminal Law in the European Community? Environmental Law Network Review，2009(1)：22—27。

② 第 2008/99/EC 号指令第 1 条。

③ 第 2008/99/EC 号指令第 5 条。

④ 第 2008/99/EC 号指令第 2 条第 1 款。

⑤ 第 2008/99/EC 号指令第 3 条：(1)非法倾倒、排放或引进特定物品或电离辐射，造成任何人的死亡或严重伤害，或对环境造成重大损害；(2)非法处理废物；(3)非法运输数量可观的废物；(4)非法经营进行危险活动或含危险物质的工厂；(5)在可能造成任何人的死亡或严重伤害，或对环境造成重大损害的情况下，非法处理核材料、其他放射性物质；(6)破坏受保护的野生动植物群；(7)受保护的野生动植物标本的交易；(8)任何导致保护区内栖息地严重恶化的行为；(9)处理消耗臭氧层物质。

⑥ 第 2008/99/EC 号指令第 4 条。

⑦ 第 2008/99/EC 号指令第 6 条。

⑧ 第 2008/99/EC 号指令第 7 条；参见欧洲联盟法院的一个有趣的判决：Case C-176/03，Commission v. Council (Grand Chamber) of 13. September 2005，para. 47—48。

⑨ 《欧洲联盟条约》第 3 条第 3 款。

谓的《生态管理和审计计划(EMAS)法规》,并且多年来不断发展了该法规。① 该法规鼓励欧盟组织参与生态管理和审计计划②,不论其地位如何。目标是通过建立和实施环境管理体系,不断改善组织的环保绩效。该体系已发展成为组织评估、报告和改善其环保绩效的主要管理工具。③

在准备注册时,组织需要:

(1)对其活动、产品和服务的所有环境方面进行审查;

(2)制定和实施一个管理体系,承诺遵守所有相关立法,并在可行时考虑最佳的环境管理实践方案;

(3)进行内部审计,评估现行制度和对政策和计划的遵守情况;

(4)编写一份全面的环保绩效声明。④

经认证或许可的环境检验人员将认证组织的准确性。⑤ 如果符合法规的条件,主管机关对组织进行注册,并通知组织注册完成。此外,它允许组织使用 EMAS 标识,标识如图 7-1⑥ 所示。

图 7-1　EMAS 标识

① Regulation (EC) No. 1221/2009 of the European Parliament and of the Council of 25 November 2009 on the voluntary participation by organizations in a Community eco-management and audit scheme (EMAS), as amended by Regulation (EU) 517/2013.

② 根据《生态管理和审计计划(EMAS)法规》第 2 条第 20 款,"组织"指的是位于欧盟内外的,无论其股权结构,无论是公共的还是私有的,且具有自己的职能和主管部门的公司、法团、合伙、企业、机关或机构,或者其中的部分或组合。

③ 《生态管理和审计计划(EMAS)法规》第 1 条。

④ 《生态管理和审计计划(EMAS)法规》第 4 条第 1 款。

⑤ 《生态管理和审计计划(EMAS)法规》第 4 条第 5 款。

⑥ 《生态管理和审计计划(EMAS)法规》第 13 条。

环境管理制度和EMAS标识的使用旨在帮助公司和其他组织“提高资源效率、降低风险，并在良好做法的公开声明下树立榜样”。[①] 欧盟委员会环境总署[②]编写的一份研究报告，为组织参与非强制性但相当热门的认证计划确立了主要驱动因素。组织为获得EMAS标识的使用权，必须遵循此认证计划。其主要益处包括：(1)能源和资源节约；(2)减少负面事件；(3)与利益相关者更好的关系；(4)与公众更好的关系(更多的市场机会)；(5)与监管机构更好的关系(监管减负)。注册和参与EMAS似乎被视为一种投资，其利益超过实施EMAS的成本。[③]

八、欧洲法院的角色

欧盟委员会监管社区环境法的适用情况，并定期将成员国的涉嫌违规行为提请法院注意。根据《欧洲联盟运行条约》第267条，当国内的条例或指令不存在司法救济时，成员国法院必须将此事项提交欧洲法院。这构成了一个非常重要的法律体系，确保了法律的确定性和可预测性[④]：欧盟委员会监管社区环境法的适用情况，并定期将成员国的涉嫌违规行为提请法院注意。在法院的官方搜索引擎输入检索词“环境”(包括“废物”和“污染”)后，返回1455项决定。[⑤] 因此，以下段落仅是为对法院判例感兴趣的人提供的一种“摘要”。

在一些案例中，欧盟委员会发现，成员国未能履行欧盟指令(特别是《工业排放指令》和《环境影响评价指令》)规定的义务。[⑥] 在其他案例中，欧洲法院

---

① 参见 Decision 2013/131/EU of the Commission of 4 March 2013 establishing the user's guide setting out the steps needed to participate in EMAS, under Regulation (EC) No. 1221/2009 of the European Parliament and of the Council on the voluntary participation by organizations in a Community eco-management and audit scheme (EMAS)：http://eur-lex.europa.eu/legal-content/EN/TXT/PDF/?uri=OJ:L:2013:076:FULL&from=EN(于2016年10月26日访问)(下文称，用户指南)。

② http://ec.europa.eu/environmentemaspdf/other/costs_and_benefits_of_emas.pdf(于2016年10月26日访问)。

③ 总结性报告，参见：用户指南，第3—4页。

④ 概述，参见 http://ec.europa.eu/environment/legal/law/index.htm under ECJ case law(于2016年10月26日访问)。

⑤ 参见 http://curia.europa.eu/juris/recherche.jsf?language=en#(于2016年10月26日访问)。

⑥ 参见 C-137/14，Commission v. Germany of 15 October 2015，其中德国未履行两个指令所规定义务。

的初步裁定是指令未得到充分遵守;因此,欧洲法院对成员国实施了罚款。这不是笑话,在一个涉及爱尔兰的案例中[①],欧洲法院下令爱尔兰向欧盟委员会一次性支付150万欧元。[②] 在希腊案例中[③],希腊被命令支付1000万欧元,而且每额外延迟半年交付,须缴纳滞纳金364万欧元:希腊8年内都未能执行2007年的裁决。

关于《环境影响评价指令》[④],欧洲法院在许多场合都阐明了其内容。[⑤] 欧洲法院指出,该指令的措辞涵盖了广泛的范围和目的。它认为,“如果‘对发展项目的修改’被解释为使某些工程能够逃避环境影响评估要求,则其目的将会受到损害,这种修改(其性质、大小或位置)可能会对环境产生重大的影响”。[⑥] 法院还坚持对环境立法进行有效的解释,例如,它决定将某些与环境有关项目的标准划分为不相关的模块,而不是规避。如果“放到一起,它们可能对环境产生重大影响”,进行评估的义务适用于[⑦]“将放到一起可能会对环境产生重大影响的项目进行分割,以避免滥用欧盟规则,有必要考虑到存在客观和时间

---

① C-278/11,Commission v. Ireland of 19 December 2012,与早期版本的EIA Directive指令相关。

② C-278/11,第82段。

③ C-167/14,Commission v. Greece of 15 October 2015,与有关城市污水处理的第91/271/EEC号指令相关。

④ Directive 2011/92/EU on the assessment of the effects of certain public and private projects on the environment as amended by Directive 2014/52/EU of the European Parliament and of the Council of 16 April 2014。原先的《环境影响评价指令》于1985年生效,根据国际环境法分别于1997年、2003年和2009年进行了修订,最终于2011年编入汇编版本,并于2014年再次修订,参见http://ec. europa. eu/environment/eia/eia-legalcontext. htm(于2016年10月25日访问)。

⑤ 更详细的概述总结参见:The European Commission:Environmental Impact Assessment of Projects. Rulings of the Court of Justice,14 March 2013:http://ec. europa. eu/environment/eia/pdf/eia_case_law. pdf(于2016年10月26日访问)。另参见《环境影响评价指令》附件1和附件2中项目类别的定义的解释:http://ec. europa. eu/environment/eia/pdf/cover_2015_en. pdf(于2016年10月26日访问)。

⑥ C-72/95,Kraaijeveld and others v. Gedeputeerde Staten van Zuid-Holland,[1996] E. C. R. I-05403,para. 31 and 39;参见同上,第28段,承认在不同语言版本之间存在分歧的情况下,“有争议的条款应根据其所属规则的目的和总体方案加以解释”。

⑦ C-275/09,Brussels Hoofdstedelijk Gewest and others v. Vlaams Gewest,[2011] E. C. R. I-0753,para. 36.

联系的项目的累积效应”。[①]

欧洲法院承认欧盟立法机关采取其认为必要的、与成员国刑法相关的措施的权利,以确保其对环境保护的规定全面有效,国家主管机关有效、相称和劝诫性的刑事处罚是打击严重环境犯罪的重要措施。[②]

---

① C-244/12,Salzburger Flughafen GMBH v. Umweltsenat,para. 21.

② C-176/03,Commission v. Council (Grand Chamber),[2005] E. C. R. I-7907,para. 47—48.

第八章　涉及外国实体争端解决的欧盟法律制度

一、简介

欧洲法律系统为外国公民和公司提供法律援助制度，以行使欧盟法律和国内法所赋予他们的权利。在欧盟法律制度中，一些规则保护个人权利免受欧盟机构侵犯；《欧洲联盟基本权利宪章》第 47－50 条明确规定了意义深远的司法权力。只有接受法治且是《欧洲人权公约》签署国的国家才可以加入欧盟(《欧洲联盟条约》第 2 条和第 49 条)，从而确保只有提供司法保护的国家才可成为欧盟成员国。

因为欧盟的绝大多数法律都是由成员国来实施的，所以这对于外国经营者来说至关重要。在这种情况下，国内法院提供司法保护。但是，当欧盟法律问题成为国内法院判决的决定因素时，成员国法院可(并且终审法院必须)要求欧洲法院就欧盟法律的解释作出裁定。我们将重点介绍允许外国公民和法人适用欧盟特定司法救济最相关的规则。因此，我们不会介绍《欧洲联盟运行条约》下的每一个规则，例如第 278 条和第 279 条的临时法律保护，第 268 条和第 340 条第 2 款的损害赔偿，第 257 条和第 262 条的知识产权争端以及第 256 条第 2 款的诉讼规则详述。

二、确保成员国遵守欧盟法律的规则

如果成员国法院认为对《欧洲联盟条约》和《欧洲联盟运行条约》的正确解释或对欧洲机构任何措施(包含欧洲议会和欧盟理事会通过的二级法律)的解释或其有效性，对国内法院待审案件作出判决是必需的，则可要求欧洲法院根据《欧洲联盟运行条约》第 267 条作出初步裁决。若根据国内法不存在司法救济，则该成员国法院可将该事项提交至欧洲法院。

在这种情况下，国内法院将中止诉讼，等待欧洲法院的回复，此回复是有约束力的"裁决"(而不是"意见")。初步裁决规则不是一个有争议的规则，而是国内法院和欧洲法院一种结构性的对话形式。通过这一程序及其广泛运用，法院确保欧盟法律统一适用于包含 28 个主权国家和约 5 亿人口在内的司法管辖区。

此规则成功的一个关键因素是，个人可以根据该规则来行使其在欧盟法律下的权利，有时甚至违反其本国的法律规定。在技术上看来，初步裁决规则已被证明是自然人和公司根据欧盟法律行使其权利最重要的规则。法院关于基本自由的、具有影响力的大多数判决都是根据《欧洲联盟运行条约》第 267 条作出的，个人可对国内法没有充分考虑欧盟法律的成员国措施提起诉讼。例如，关于货物自由流动的(作为先例援引的)案例起因于一个比利时商人被指控违反比利时法律的刑事案件。被告的律师发表了一个观点，即比利时法律与更高层面的欧盟法律不符(《欧洲联盟运行条约》第 34 条)。比利时法院要求欧洲法院进行解释。欧洲法院的解释为：除非有理由，直接或间接地、实际地或可能地限制联盟内贸易的措施是与数量限制具有同等效果的措施，该比利时法律与《欧洲联盟运行条约》第 34 条不符。由于没有任何合理的理由(比利时标准过高而不成比例)，国内法院不能再适用比利时法律，因为它将违反比利时商人自由交易货物的权利。因此，该比利时商人被无罪释放。①

确保成员国遵守欧盟法律的另一个关键因素是，成员国承担因违反欧盟法律而造成的损害赔偿责任。虽然条约没有明确规定，但欧洲法院制定了两项打破范式的决定。② 根据欧洲法院的决定，执行欧盟法律中"违约造成损害"的直接影响是必要的。③ 因此，个人和企业获得了强大的工具，这也激励成员国当局遵守欧盟法律。

---

① Case 8/74，Procureur du Roi v. Benoît and Gustave Dassonville，[1974] E. C. R. 837；另参见 Case 120/78，Rewe-Zentral AG v. Bundesmonopolverwaltung für Branntwein，[1979] E. C. R. 649。

② Joined Cases C-46/93 and C-48/93，Brasserie du Pêcheur SA v. Bundesrepublik Deutschland and The Queen v. Secretary of State for Transport，ex parte：Factortame Ltd. and others，E. C. R 1996 I-1029.

③ Joined Cases C-46/93 and C-48/93，Brasserie du Pêcheur SA v. Bundesrepublik Deutschland and The Queen v. Secretary of State for Transport，ex parte：Factortame Ltd. and others，E. C. R. 1996 I-1029，para. 22.

三、确保欧盟机构遵守欧盟法律的规则

根据《欧洲联盟运行条约》第 263 条第 4 款:

> 根据本条第 1 款和第 2 款规定的条件,任何自然人或法人均可就针对其本人的或与其有直接的和部分联系的法令,或直接关系到其本人但未包含实施措施的规制性法令提起诉讼。

"撤销之诉"规定,任何自然人或公司(包括外国经营者)均可就具有约束力且直接影响其法律地位的法律措施向欧洲法院和普通法院提起诉讼(由一审法院负责)。在立法方面,这一要求并不容易被忽略,通常以一般和抽象的方式表达。[①] 但是,当外国经营者是欧盟委员会决定的相对人时,例如在竞争事务或贸易救济案件中,相对人的权利总会得到满足。

如果"撤销之诉"成功,欧洲法院或普通法院将宣告该文书自始无效。特殊情况下,它可宣告仅从判决之日起无效。

《欧洲联盟运行条约》第 265 条所规定的"因未能采取行动而提起的诉讼"是《欧洲联盟运行条约》第 263 条规则的另一面,以允许经营者对违法不作为行为进行起诉。但是,"只有在首先要求相关机构、团体、机关或办事机构采取行动后,法院才能受理该诉讼。如在提出此类要求后的两个月内,相关机构、团体、机关或办事机构仍未能明确其立场,则在此后的两个月内可提起诉讼"。

对诉讼所作出的命令是为了声明该机构因未遵守欧盟委员会提出的意见而违反了条约。但是,欧洲法院和普通法院没有法定的权力直接作出任何判决或自行判决。根据《欧洲联盟运行条约》第 266 条,判决所针对的机构必须遵守法院的判决。

根据《欧洲联盟运行条约》第 258—260 条,如法院裁决某一成员国未能履行联盟法律的某项义务,则欧盟委员会(或成员国,即使很少发生)可对其发起"违反条约诉讼"。但是,诉诸欧洲法院仅是规则升级的第一步:有关成员国有机会解释为什么委员会的担忧是毫无根据的,许多争端都是在这一阶段解决的。如果不是这样,委员会或成员国可向法院提起诉讼,最终判决有关成员国是否违反了《欧洲联盟条约》或《欧洲联盟运行条约》所规定的义务。然后,违规成员国需要采取必要措施来履行义务。若不遵守欧洲法院的判决,委员会

① ECJ, Case 25/62, Plaumann & Co. v. Commission of the European Economic Community, [1963] E.C.R. 95.

可要求法院判处该国支付一次性罚款或罚金(《欧洲联盟运行条约》第 260 条)。

虽然这一规则显然有助于解决欧盟内部的争端,但也与外国公民有关。例如,如果成员国不尊重在欧盟国家设立的中国公司的权利,可使欧盟委员会(或中国政府)意识到此成员国存在与欧盟层面不一致的行为。虽然委员会和东道国对于处理这一事项的决定有很大差距,但仍可将这种间接的努力纳入中国投资者可采取的补救办法清单。此外,法院认为,如果成员国不遵守欧盟及其成员国缔结的国际协议(混合协议)所规定的义务,委员会可成功地适用"违反条约程序"。① 因此,如果中国或中国的实体可以使委员会信服成员国违反了欧盟与中国缔结的条约(或中国作为缔约方的多边协定)中的义务,则委员会可适用《欧洲联盟运行条约》第 258 条中的规则向法院提起诉讼。

译者:裴佳敏
浙江大学外国语言文化与国际交流学院博士研究生

① Case C-239/03,Commission of the European Communities v. French Republic (Étang de Berre),[2004] E. C. R. I-9325.

东盟

Basil C. Bitas

作者介绍

Basil C. Bitas是一名国际法从业者，美国纽约州和华盛顿特区律师协会成员，曾为新加坡管理大学法律系副教授，负责综合法律体系、法律的经济分析、伦理与社会责任课程教学。目前，他逐渐聚焦于研究一般的法律趋同及其对东盟一体化的影响，将这些问题置于更广泛的政治和经济框架中。

概　述

“一带一路”倡议涉及沿线的亚洲和欧洲国家和地区[①]，将促进地区间的商业及文化交流。基础设施建设会通过降低交易成本以促进贸易；同时，包括简化烦琐贸易流程在内的贸易便利化措施也会进一步促进地区间的商业和连通性。“一带一路”倡议具有很强的可操作性，旨在取得实质性成果。法律会在“一带一路”倡议这个复杂的交互模型中起到支持作用，并建立不同司法管辖区域内的共同规则体系以实现其内部的交互建设。

中国提出的“丝绸之路经济带”与“21 世纪海上丝绸之路”倡议旨在增强与历史上的陆地与海上丝绸之路沿线国家的联系。中国提出的这一宏伟目标绝非是空谈理想。例如，新成立的亚洲基础设施投资银行（Asia Infrastructure Investment Bank，简称亚投行）将采取开放包容的态度，积极与其他机构展开合作，以确保必要的融资，这些合作机构包括亚洲发展银行和世界银行等。据亚投行预测，亚洲基础设施建设所需的年平均资金量将在 2020 年达到 7.5 亿美元。[②] 这将是一个巨大的需求量。除此之外，中国还宣布成立丝绸之路基金（Silk Road Fund），以优先支持基础设施建设。[③]

---

① 参见中华人民共和国国家发展与改革委员会《推动共建丝绸之路经济带和 21 世纪海上丝绸之路的愿景与行动》，2015 年 3 月 28 日，http://en.ndrc.gov.cn/newsrelease/201503/t20150330_669367.html。

② Biswa Nath Bhattacharyay，《亚洲基础设施融资：亚洲金融市场的发展模式和一体化》，亚洲开发银行研究所工作论文系列第 229 卷，2010 年，第 1 页，参见：https://www.adb.org/sites/default/files/publication/156084/adbi-wp229.pdf。

③ 参见 http://www.silkroadfund.com.cn/enweb/23773/index.html。

第一章　东盟与“一带一路”

一、目标和愿望

中国将向东盟成员国提供100亿美元的优惠贷款，并将增加30亿美元投资作为中国—东盟投资合作基金一期的募集资金。[①] 中国国家开发银行将为中国—东盟的基础设施发展设立100亿美元的专项贷款。[②] 这些措施将为“一带一路”倡议的落地提供必要的“种子”基金，从而促进实现区域互联互通。

对“一带一路”沿线国家来说，尤其是东盟各国，这些宏伟的计划及融资项目具有十足的吸引力。

第一，“一带一路”倡议的既定目标会与东盟在互联互通和贸易便利化等方面形成互补。“一带一路”倡议与东盟的目标均包括缩小区域内各国经济的发展差距，为此均需采用开放包容的经济布局，从而促进区域内人与人之间和区域文化的交流。

第二，“一带一路”倡议的发展重点之一为基础设施建设，在众多方面均具有很高的吸引力。鉴于资金需求水平，东盟许多地区基础设施建设空间很大，尤其在东盟较为贫穷的地区，道路、交通和通信方面的基础设施建设较为落后。与中国领导人一样，东盟领导人也十分清楚良好的基础设施与贸易便利化之间的关联。

联合国贸易和发展会议《2015年世界投资报告》指出：

> 有证据表明，实体联通与区域经济联通会使东盟成员国获利。东盟

---

① 参见 http://www.china-asean-fund.com/。

② 参见 http://news.xinhuanet.com/english/china/2014—11/13/c_133787970.htm。

> 内部越来越强的连通性会对地区竞争力产生重要影响，并会支持更多的区域经济活动。商品和人员在区域内的移动成本会更加低廉；更多产业领域及家庭可以接入互联网并享用更强大的信息通信技术。东盟本土企业及跨国企业所引导的区域价值链活动将飞速成长，进一步加强区域连接。①

因此，中国和东盟可以共同分享贸易便利化带来的利益，发展强大的物流基础，并拓展跨区域的市场和商业机会。"一带一路"经济合作的双赢提倡"共同发展"，便于东盟理解其宗旨并对东盟具有很强吸引力。

第三，东盟期待"一带一路"倡议可在带来中短期投资利益的同时，也可通过急需的永久结构性措施获得长期利益。东盟自身已开始着手建立《东盟互联互通总体规划》②，以优化与成员国之间的联系，进一步改善区域内商业环境。

第四，"一带一路"倡议旨在为东盟打开未来的经济机会。中国对自身区域发展计划进行了阐述，其中解释了该倡议与东盟目标之间的关系：

> 发挥广西与东盟国家陆海相邻的独特优势，加快北部湾经济区和珠江—西江经济带开放发展，构建面向东盟区域的国际通道，打造西南、中南地区开放发展新的战略支点，形成21世纪海上丝绸之路与丝绸之路经济带有机衔接的重要门户。③

最后一点，主要强调"一带一路"倡议的潜力，即可通过该倡议激发更大的区域潜力。不同于任何其他现有的区域组织，"一带一路"倡议的范围更加广阔，且并不致力于形成任何形式的跨国管理制度。相反，"一带一路"倡议力求将现有的体系和倡议相对松散地编织在一起，以促进现有体系的运营效率。这种"一带一路"倡议形成的联系可通过较为松散的项目合作进一步提高效率，而过度自下而上的方式无法使这种松散的成员体系具有审慎性和可行性，且指挥命令型的管理方式也不具有灵活性。然而，对已有领域实现最大化的互补并对新领域实现最大化的发展，却是十分可行的。这种松散合作应当通过合理化的目标以实现互利共赢，从而避免欧盟的形式主义并形成更为灵活

① 联合国贸易和发展会议《2015年世界投资报告》，第148页。

② 参见 www. asean. org/storage/.../ASEAN.../4 _ Master _ Plan _ on _ ASEAN _ Connectivity. pdf。

③ 参见《推动共建丝绸之路经济带和21世纪海上丝绸之路的愿景与行动》。

的东盟组织结构。

在“一带一路”项目中，以下重要因素可促进其他地区或指标的潜在互补性：

1. 促进贫困地区的经济发展并增加其收益；

2. 加强法治建设；

3. 促进和提高“一带一路”沿线国家的开放和便利性，并促进东盟商业与人才的引进；

4. 通过地理逻辑实现效率的最大程度提升；

5. 发展人与人之间的联系；

6. 借力东盟国家对基础设施建设的需求及其地缘优势实现发展；

7. 借力“一带一路”项目实现东盟供应链及资源的发展，反过来也实现“一带一路”项目发展；

8. 发展“一带一路”的融资方式以支持东盟基础设施建设的利益共享。

“一带一路”所倡导的模式与其他特定模式相比，具有“伞状”特点，可在松散的结构中更为直接地实现远期规划。因此，它符合东盟成立经济共同体的初衷和东盟未来发展的设想。虽然在东盟自身的规范性文件与展望性文件中均涉及建设区域内生产基地、贸易便利化及供应链等合理化问题①，但这并不意味着“一带一路”倡议将组建一个类似于东盟的组织。无论如何，“一带一路”倡议维持了东盟之间的跨国利益，其发展目标与东盟的部分发展目标相辅相成，故可成倍增强东盟内部协调工作的实现效果。

二、东盟的显著特征

本文同时受到已有的东盟倡议与不断发展的“一带一路”倡议的共同影响，为此需要进一步了解东盟。东盟由印度尼西亚、马来西亚、菲律宾、新加坡和泰国于 1967 年建立，随后几年又有文莱、越南、老挝、缅甸和柬埔寨加入，现在包括 10 个成员。② 东盟采用共识决议这一独特“东盟方式”实现决策制定，旨在促使各成员国在核心价值与政治取向上达成共识。东盟并未设立类似于欧盟委员会的中央机构来颁发指令，也未设立可代表各成员国主权的议员代表团。东盟如同“国家俱乐部”一般，旨在通过跨国的系统性共识促进各成员

① 参见《2025 年东盟经济共同体蓝图》，www. asean. org/storage/images-. . . /aec-page/AEC-Blueprint-2025-FINAL. pdf。

② 参见东盟的《曼谷宣言》1967 年 8 月 8 日，http://asean. org/the-asean-declaration-bangkok-declaration-bangkok-8-august-1967/。

国间的协同行动。虽然东盟的发展动机原本是促进该地区的共同防御，但如今东盟已逐渐成为经济方面的发展联合体。

通过“一带一路”及其相关倡议，东盟成员及其组织共识方式的多样性促使东盟呈现出松散的模式。尤其是在经济发展与贸易领域，东盟试图通过建议而非强制的方式来实现成员国的利益诉求。因此，东盟不断签署规范性文件及委托协议，通过贸易、投资及联合经济发展的举措实现东盟的共同目标及核心价值。将东盟定义为法律及经济实体的开创性协议就是《东盟宪章》。[①]

本文在此还需指出几项相关问题。第一，东盟对其成员国的国家主权表现出极大的尊重。第二，东盟当前的重点是经济领域，而协同行动为成员国带来了实际的显著收益。第三，东盟在实现目标的过程中，一直避免形成类似于欧盟委员会的形式主义机构，同时也从未设立类似于欧洲议会或欧洲法院的立法、司法机构。如果将欧盟描述成一个形式主义、自上而下并呈现出一定程度的功能障碍的原始法律系统，那么东盟可能更适合被视为“非正式小组”，因为东盟并不致力于建立跨国法律系统的正式体制。第四，这是个新观点——虽然东盟的框架结构相对松散，但其现已逐渐增加规范性文件以巩固存在共识的领域。最后，随着东盟区域需求的增长，东盟向其成员国颁布法律法规的意愿也在不断扩大。因此，东盟为加快实现系统性共识的发展颁布了相关文件，包括《东盟发展规划》(Plan for an ASEAN Community)、《东盟经济共同体蓝图》(Blueprint for an ASEAN Economic Community)和《东盟互联互通总体规划》(ASEAN Master Plan for Connectivity)等。[②]

《东盟发展规划》描述了与欧盟核心结构类似的东盟核心支柱，即经济、社会文化及安全核心。值得注意的是，虽然这一结构与欧盟类似，但两者的功能却存在着巨大的不同，且东盟很少出现欧盟式的形式主义。此项规划性文件的颁布为东盟经济共同体(ASEAN Economic Community)建立奠定了基础，并对《东盟互联互通总体规划》进行了定义与规定。东盟经济共同体于2015年12月成立，其所倡导的四个主要目标与《2015年东盟经济共同体蓝图》中的核心支柱相一致，即：

1. 单一市场与生产基地；

2. 竞争的经济区域；

---

① 参见 http://asean.org/asean/asean-charter/。

② 《2025年东盟经济共同体蓝图》，参见 asean.org/storage/2016/09/Master-Plan-on-ASEAN-Connectivity-20251.pdf。

3. 公平的经济发展;

4. 全球经济的融合。

同时,这些目标已经在《2025年东盟经济共同体蓝图》中得到了进一步加强与完善,其中详细列举了以下东盟发展愿景:

1. 建立高度融合和具有凝聚力的经济体;

2. 建立有竞争力、创新性及活力的东盟;

3. 增强互联互通及部门合作;

4. 建立有弹性、包容性及以人为本的东盟;

5. 建立国际化的东盟。

正如文中所述,如果抛开范围限制,这些目标的强调重点均与"一带一路"倡议相对应。《东盟互联互通总体规划》进一步概述了某些特定举措和项目,从而更紧密有效地促进区域一体化。同时,这些项目的性质也与"一带一路"倡议相吻合。我们可以在东盟现行的有关经济、贸易和基础设施建设的项目和与之并置的"一带一路"项目中,找到某些共同点和前进的方向。我们可以找到不同的发展方式,像欧盟、东盟或像"一带一路"项目——这三者的区域一体化和形式主义的程度是不同的。而"一带一路"与其他两者不同,它并非区域组织;相反,它更加注重协同运作式的互联互通,而非拘泥于普遍意义上的法人资格与法律主义。东盟的历史与发展,特别是体现在其纲领性声明及行动的东盟经济共同体及《东盟互联互通总体规划》中的内容,可以为"一带一路"沿线国家提供松散合作的指南。此外,"一带一路"沿线国家将东盟因素优先纳入早期倡议中,这有助于规划中的沿线国家之间拓展业务整合范围,使其变得更加可行与高效。本文将重点讨论东盟倡议与"一带一路"倡议之间应开展怎样的合作,以及在没有先例的情况下,基于众多尝试应建立怎样的新型区域一体化模式。

三、"一带一路"·东盟:东盟的显著利益

在2015年11月东盟部长级会议上,李克强总理对"一带一路"倡议与东盟、具体到湄公河三角洲地区的关系进行了评论,其中进一步强调了各方协作中所需的更为正式也更具法律效力的巧妙融合。① 正如李克强总理所说,澜沧江—湄公河对话合作机制的目的在于补充和配合现有的次区域机制,在促

---

① 中华人民共和国国务院总理李克强讲话,2015年11月22日,http://www.fmprc.gov.cn/mfa_eng/wjdt_665385/zyjh_665391/t1317372.shtml。

进东亚次区域和区域合作的发展中起到了积极作用。同时,中国也将通过扩大对欠发达东盟成员国的援助,并进一步协同东盟缩小成员国间的发展差距,来支持东盟共同体的建设。这里再次指出,这一宏伟计划也与东盟经济共同体核心支柱之一——呼吁区域平衡发展相吻合。

中国的提议进一步加强了具体层面的协作规划,尤其是在签署有关睦邻友好、友谊与合作条款的方面,从而在这种新型松散但目标明确的区域一体化中强调了各种形式的法律与规范性文件的重要性。因此,法律可以支持但可能无法引导"一带一路"倡议的成果实现。

李克强总理的讲话进一步强调了应加快升级经济和贸易领域的合作,例如升级中国—东盟自贸区,简化通关程序以加强贸易便利化措施,升级原产地规则以实现供应链基础的改造,并力争在2020年实现双边贸易额达到10000亿美元的目标。[①] 其他措施还包括,促进投资与投资便利化,建立更加稳定透明的商业环境,扩大服务贸易,并开展农业、渔业、林业及其他资源丰富领域的经济与技术合作。就目前正处于协商中的建设更广泛的区域综合经济框架,即《区域全面经济伙伴协定》[②](Regional Comprehensive Economic Partnership,RCEP)而言,李克强总理强调需要加快协商速度,为建成现代化的全能型自由贸易体系奠定基础,从而进一步促进区域一体化。随着印度加入RCEP,与诸如处于危机的《跨太平洋伙伴关系协定》(Trans-Pacific Partnership Agreement,TPP)等其他倡议相比,加入RCEP可以为"一带一路"沿线国家(如尼泊尔、孟加拉国及巴基斯坦)的贸易与投资指明新方向,尽管巴基斯坦与印度在历史上有着隔阂,但这可以通过更多新的协作形式重建历史上的丝绸之路。

"一带一路"倡议的核心是互联互通的问题。中国已表示希望以中国—东盟互联互通合作委员会(China-ASEAN Connectivity Cooperation Committee)作为核心通道,充分利用双方的互联互通,积极参加到《东盟互联互通总体规划》中。[③] 土地相连是该计划与愿望的核心,由此在中泰铁路、中老铁路等项目的支持下,推广泛亚铁路的连接可进一步支持陆上土地连接目标的实现。

① 中华人民共和国国务院总理李克强讲话,2015年11月22日,http://www.fmprc.gov.cn/mfa_eng/wjdt_665385/zyjh_665391/t1317372.shtml。

② 《区域全面经济伙伴关系协定》;参见 www.asean.org/storage/images-October/outreach.../Edited%20RCEP.pdf。

③ 中华人民共和国国务院总理李克强讲话,2015年11月22日,http://www.fmprc.gov.cn/mfa_eng/wjdt_665385/zyjh_665391/t1317372.shtml。

中国已表示希望与东盟达成计算机应急响应小组(Computer Emergency Response Team)之间的合作机制。这些目标的实现应充分利用亚投行、丝绸之路基金(the Silk Road Fund)和中国—东盟合作基金(China-ASEAN Cooperation Fund)等。中国还留出资金用于中国—东盟基础设施建设二期专项贷款的相关融资项目。①

另一个与“一带一路”倡议相关的目标与切入点在于东盟的经济诉求与工业化发展之间的有效互动。东盟创建统一经济共同体的目标可确保区域内发展的平衡。中国现有规模及其内部综合产业系统能够提供大量相关的经济投入，包括较低成本的设备、工业产品，以及为大型基础设施项目服务的工程技术。因此，中国可以支持东盟成员国进行基础设施和装备制造业的升级，并在促进生产、合建基础设施、发电、通信和工业园区发展的方面起到协同作用。以松散与灵活的方式进行生产实力合并，让人想起1951年成立的欧洲煤钢共同体，及之后形成的欧洲经济共同体及欧盟。正如李克强总理所指出的：“中国愿将东盟作为开展国际产能合作的重要伙伴，并希望与东盟国家积极探讨下一步的具体合作。”②

虽然“一带一路”倡议主要集中在经济目标和区域互联互通，但不能完全避开安全问题不谈。共同利益领域内的平衡安全合作可以增进互信。因此，中国希望可将近期召开的非正式国防部长会议制度化，并在中国及东盟防务官员之间建立“直线”联系。这种正规联系在冷战时期曾缓解美国和苏联之间的紧张气氛。这种防务沟通可以用来进一步稳固如今中国和东盟成员国之间的关系。此外，因为不断出现的威胁(如恐怖主义)，以及21世纪的经济依赖于网络能力的原因，安全问题的范围逐步扩大。所以安全合作的范围应该扩大到保护关键网络、打击跨境犯罪、管理和消除恐怖主义的威胁③及合作管理人为或天然的灾害。中国已经提出将中国—东盟执法安全合作部长级对话(China-ASEAN Ministerial Dialogue on Law Enforcement and

---

① 中华人民共和国国务院总理李克强讲话，2015年11月22日，http://www.fmprc.gov.cn/mfa_eng/wjdt_665385/zyjh_665391/t1317372.shtml。

② http://www.fmprc.gov.cn/mfa_eng/wjdt_665385/zyjh_665391/t1317372.shtml。

③ 参见东盟防长打击恐怖主义联合宣言，2016年5月25日，报告参见 http://www.channelnewsasia.comnewssingapore/asean-defence-ministers/2816148.html。

Security Cooperation)制度化。[①] 同时,中国进一步表达有兴趣建立中国—东盟执法学院,计划在未来 5 年中向东盟国家执法机构提供大约 2000 个培训机会。

为实现"一带一路"倡议目标和东盟的总体发展目标,中国与东盟的另一潜在合作重点关注可持续发展的重要领域。中国还强调了海上问题,建议在中国和东南亚国家定期举办海上科技及环境保护论坛,并最终建立中国东盟海上合作中心(China-ASEAN Maritime Cooperation Center)。[②] 其他倡议还涉及农业方面能力建设的合作,包括采用双边适用的《中国—东盟环境合作战略 2016—2020》、促进粮食安全和改进、建立共享环境信息平台、探索共同建设生态友好城市的中国—东盟伙伴关系以及共同追求绿色发展。

最后,"互联互通"的概念意味着重大而持久的人与人间的交流,以促进相互了解并争取支持跨地区倡议的互惠互利。重点发展福泽下一代的实践合作(包括教育、科学、科技、文化和健康等方面)是"一带一路"倡议成功所不可或缺的。2016 年是中国—东盟教育交流年,中国想借此机会举办第二届中国—东盟教育部长圆桌会议。中国计划在未来的 3 年内扩大政府奖学金数量,向来自东盟成员国的学生增设 1000 个奖学金名额。此外,中国现已提案建立中国—东盟海洋科学学院(China-ASEAN College of Marine Sciences),以促成旅游机构与部门之间的交流机制,并在健康问题方面组织更多的合作以加强沟通,从而组织更多的合作以加强协调区域内人力资源的调动。[③]

---

① 2015 年 10 月 24 日联合宣言参见 http://english.gov.cn/news/international_exchanges/2015/10/24/content_281475219030294.htm,以及 2016 年 9 月 8 日李克强总理讲话参见 http://www.fmprc.gov.cn/mfa_eng/zxxx_662805/t1396780.shtml。

② 中华人民共和国国务院总理李克强讲话,2015 年 11 月 22 日,http://www.fmprc.gov.cn/mfa_eng/wjdt_665385/zyjh_665391/t1317372.shtml。

③ http://www.fmprc.gov.cn/mfa_eng/wjdt_665385/zyjh_665391/t1317372.shtml。

第二章 东盟和中国:“一带一路”倡议者

一、目前的合作框架

任何用于发展“一带一路”倡议的规划均应基于现有框架的构想。在朱镕基的主导下,中国与东盟于2000年协议建立了中国—东盟自贸区。中国于2002年11月与10个东盟成员国在第六届中国—东盟领导人会议上签订了《中国—东盟全面经济合作框架协议》(Framework Agreement on China-ASEAN Comprehensive Economic Cooperation)。[①] 此框架协议奠定了中国—东盟区域内自由化贸易与投资程序的基础。根据此框架协议,各国在签署该协议后已于2004年11月签订《中国—东盟自由贸易区货物贸易协定》(Agreement on Trade in Goods of the China-ASEAN FTA),并已于2005年7月生效;于2007年1月签订《中国—东盟自由贸易区服务贸易协定》(Agreement on Trade in Services),并已于2007年7月生效[②]。随后,中国东盟双方于2009年签订《中国—东盟自由贸易区投资协议》(Agreement on Investment)并已于2010年1月生效[③]。因此,在2013年“一带一路”倡议声明之前,东盟与中国已经建立了贸易投资自由化的法律框架。为进一步发展区域间自由化与合作,多个原始协议的议定书已被签署,其中包括于2012年

---

① 参见东盟,http://asean. org/? static_post=framework-agreement-on-comprehensive-economic-co-operation-between-asean-and-the-people-s-republic-of-china-phnom-penh-4-november-2002-4。

② 参见东盟,http://asean. org/? static_post=asean-china-free-trade-area-2。

③ 参见东盟,http://asean. org/? static_post=asean-china-free-trade-area-2。

11 月签订的《关于在〈中国—东盟全面经济合作框架协议〉下〈货物贸易协议〉中纳入技术性贸易壁垒和卫生与植物卫生措施章节的议定书》(Protocol to Incorporate Technical Trade Barriers to Trade and Sanitary and Phytosanitary Measures into the Agreement on Trade in Goods)。[①]此外，中国—东盟自贸区已安排并在进行有关"升级"的检查与谈判。[②]

另一个相关的现有框架是《落实中国—东盟面向和平与繁荣的战略伙伴关系联合宣言的行动计划(2016—2020)》[③](Plan of Action to Implement the Joint Declaration on China-ASEAN Strategic Partnership for Peace and Prosperity 2016—2020)。此项行动计划已于 2003 年 10 月 8 日在印度尼西亚巴厘岛签署，旨在解决大量来自新兴区域和全球的挑战。此项行动计划涵盖了大量领域，包括政治、安全、经济、社会与文化领域的合作、互联互通、缩小发展差距，以及湄公河流域及其次区域的发展。同时，行动计划中特别声明了以下有关互联互通的愿望：

> 4.4 通过整合《东盟互联互通总体规划》《2015 年后东盟互联互通议程》及中国提出的"一带一路"倡议中的共同优先领域，探讨加强双方互联互通合作方式。

这是迄今为止"一带一路"互联互通与《东盟互联互通总体规划》之间最为清晰的连接。

这些现有的法律关系与框架可为基于"一带一路"倡议进行的中国—东盟合作奠定基础。这些协定的签署国均为"一带一路"沿线国家，并构成了更为广泛的"一带一路"成员范围。然而，这种框架体系会促生新的思考，即对于那些将在未来以项目和条约的形式参与更广泛的"一带一路"倡议伙伴关系的国家来说，我们必须确保已有承诺与未来潜在承诺之间的兼容性。因此，这个新框架体系的创建将充满着机遇与挑战。

另有关键问题需要解决，尤其是以下这几点：

> 中国、东盟以及其他"一带一路"沿线国家之间是否会在适当的时候

① 参见东盟，http://asean.org/? static_post=asean-china-free-trade-area-2。

② 参见中华人民共和国商务部，http://fta.mofcom.gov.cn/enarticle/chinadmen/endmnews/201512/29597_1.html。

③ 参见 www.asean.org/storage/images/.../ASEAN-China%20POA%20%202016-2020.pdf。

制定总括性的"贸易和投资"条约?同时,若中国—东盟法律协议在"升级"后可妥善处理各种中国—东盟承诺,则此法律协议是否将作为"一带一路"倡议的一部分?投资者与国家的争端以及国家之间的争端应适用于何种争端解决机制?

值得特别指出的是,为解决上述第二个问题,现已针对"一带一路"倡议需求由众多智库推出详细建议,其中包括由"一带一路"国际研究院(International Academy of the Belt and Road)提出的建议。这些建议旨在提供统一的争端解决机制,其中针对某些特定类型的争端解决方式,先由国家"调停"或监察员调解后转至仲裁及上诉,由此适应不同法律制度及其相关文化定位和文化敏感性。此次将调停及调解合并纳入此争端解决机制,反映出更广泛的可适应"亚洲"独特敏感性的以恰当的方式解决争端,强调"关系的维持"而非专注于解决争端本身。这种方式特别适合那些大型基础设施项目有关采购和专有技术方面的现有合作及重复交易。就其本身而论,关系维持机制(Relationship Preservation Mechanism,RPM)并非简单的争议解决机制,此项机制在"一带一路"倡议中不断增长的商业与交换速度方面适应力极强。另有相关建议旨在借鉴来自联合国国际贸易法委员会(United Nations Commission on International Trade Law,UNCITRAL)及 WTO 的国际"最佳范例"以促进其合法性及可采用性,并量身定制法律以满足"一带一路"倡议所需。同时,争议解决领域正如"一带一路"倡议的众多其他方面一样,为参与者提供了发展新模式、开拓新合作的机会,从而提升现有框架内行动的协调一致与互惠互利。

二、展望中国—东盟

前文强调中国和东盟之间的合作框架雏形将影响甚至决定"一带一路"倡议的未来,但从规范性文件及其相关地缘政治层面来说,此框架雏形并非我们所需要考虑的唯一因素。从某种程度上讲,"一带一路"沿线国家均在寻求一套涉及 65 个参与方的松散框架,因此"一带一路"倡议被视为与地理及法律相关的同心圆,其中涉及一系列相互交织的承诺。东盟成员国需要考虑的不仅仅是中国—东盟之间的现行承诺,更需要关注更广泛的区域。例如,绝大部分东盟国家同时也是亚太经合组织(Asia-Pacific Economic Cooperation,APEC)的成员。其中,文莱达鲁萨兰国、马来西亚、新加坡和越南还在近期签署了尚待批准还未生效的《跨太平洋伙伴关系协定》(Trans-

Pacific Partnership Agreement，TPP）。[①] 亚太经合组织成员已于2006年开始商讨建立亚太自贸区（Free Trade Area of the Asia-Pacific，FTAAP）的可能性。[②]

另外，东盟与其六个贸易伙伴——中国、印度、日本、韩国、澳大利亚和新西兰一道，正在就上文所提到过的《区域全面经济伙伴协定》（RCEP）[③]进行讨论。

三、多层次承诺与多元化

在讨论实施和推进"一带一路"倡议的具体步骤之前，我们还需关注"一带一路"倡议的实施对国际法律环境所产生的影响。

正如上述建议，"一带一路"倡议可能产生大量相互矛盾的规范性承诺。在贸易领域，这些承诺通常为贸易承诺，参与方会根据相关协议和组织管理或协调其贸易关系。随着"一带一路"倡议的发展，我们需要为现行框架增加额外的规范性空间，其中涉及待解决的实质性承诺及其所产生争议的妥善解决方式。保罗·希夫（Paul Berman Schiff）、拉尔夫·迈克尔斯（Ralf Michales）和衮特·图博纳（Guenther Teubner）已经从本质和司法管辖角度介绍了这些规范性机构竞争要求的类型，认为这些类型作为国际法律多元化的典型可不断定义国际法律环境。[④] 同时，由国家转变为国家间联盟这一现象促使不同规范性空间的发展，以实现某些跨国进口的目标。因此，欧盟及东盟等区域集团作为更为特殊的组织及国家间联盟，可实现其共同目标，如改善气候变化、推进人权、促进贸易等。此外，"一带一路"倡议的框架较为松散，国家间联盟很可能进一步加强这一系列的相互交织。虽然很难清晰地看出"一带一路"倡议将如何影响现有的规范性环境，但新框架的落实会涉及这些潜在

① 参见美国贸易代表办公室，https://ustr.gov/tpp/。

② 参见APEC，http://www.apec.org/meeting-papers/leaders-declarations—2014_aelm/2014_aelm_annexa.aspx。文莱达鲁萨兰国、印度尼西亚、马来西亚、菲律宾、新加坡、泰国和越南均为APEC成员。关于APEC的概述，http://www.apec.org/about-us/about-apec/member-economies.aspx。

③ 参见东盟，http://www.asean.org/storage/images-October/outreach-document/Edited%20RCEP.pdf。

④ Paul Schiff Berman，Global Legal Pluralism：A Jurisprudence of Law Beyond Borders. Cambridge：Cambridge University Press，2012；Ralf Michaels，"Global Legal Pluralism"，5 Annual Review of Law and Science 2009：1—35；Gunther Teubner，"The Two Faces of Janus-Rethinking Legal Pluralism"，13 Cardozo L. Rev. 1443，1991—1992.

冲突。东盟成员国与中国之间的规范性承诺体系相对明确,很好地强调了法律多元化这一层面,但是“一带一路”倡议涉及的其他国家同样需要考虑到这一层面,因为这些国家可能已经承担了新的国际承诺的义务。

以上述内容作为背景,我们现在可以验证“一带一路”倡议是如何与东盟的具体计划相互协作的。

四、互利共赢

除进一步发展基础设施、减少或消除贸易与投资壁垒、提供贸易便利化举措之外,其他领域也涉及东盟及“一带一路”区域的共同利益,包括以下这些方面:

1. 发展基于规则的和谐区域;

2. 发展电子商务及其配套的法律法规;

3. 发展物流枢纽及其相关运营工人;

4. 发展欠发达的国家或地区;

5. 促进人与人之间的互联互通(例如发展区域内的教育交流以提高两地的技术知识和技能水平)①。

下面将依次对这些方面进行阐述。《东盟共同体愿景 2025》中第 8.1 段声明如下:

> 共同体基于规则成立,完全遵守东盟基本原则,共享价值观、规范以及国际法原则,建立和平的区域内国家关系。

此声明符合国际行为体及国际组织的主流观点,并充分支持 WTO 和国家内部的规则体系。因此,东盟的宏伟目标完全符合主流的法律时代精神,密切贴合“一带一路”倡议所强调的双赢局面,并致力于尊重国家主权和建设具有规范性和共识性的程序,从而为那些特定基础设施项目的构思、实施方案及其潜在争端解决机制提供有利于可预期决策的便利化措施。

《2025 年东盟经济共同体蓝图》第 C.3 节第 53 段有关电子商务的论述,如下所示:

> 对于电子商务支持东盟区域经济一体化的(潜在)贡献,东盟应当加

① 参见《东盟共同体愿景 2025》,http://www.asean.org/storage/images-November/aec-page/ASEAN-Community-Vision-2025.pdf,以及《2025 年东盟经济共同体蓝图》,http://www.asean.org/storage/images-November/aec-page/AEC-Blueprint-2025-FINAL.pdf。

强在电子商务方面的合作……努力发展东盟电子商务协定以促进东盟跨境电子商务的交易。这些策略包含但不限于以下几条：

1. 统一消费者权益和消费者保护相关法律；

2. 统一线上纠纷解决的法律框架，同时考虑与现有国际准则的适应性；

3. 可互相操作的、相互认可的、安全的、可靠的以及方便的电子识别和授权（电子签名）计划；

4. 与个人数据相关的全面的条理清晰的框架。

电子商务涉及国内及国际规章制度的潜在庞大规定。因为现阶段"一带一路"倡议主要涉及基础设施领域，所以电子商务在某种程度上仅为"一带一路"倡议的边缘领域。然而，随着区域商务更加紧密的联系及随之产生的影响，此领域将得到进一步关注。在某些方面，东盟将采用最低标准作为"一带一路"倡议的试验田，使得不同国家群体可以采用同一套规则并最终实现这些商贸的便利化。

第三章　发展近况

一、为东盟与"一带一路"倡议的合作前景铺路

下文两个发展项目进一步加强了东盟与"一带一路"倡议的合作，需要进行进一步阐释。

1.中新(重庆)战略性互联互通示范项目

中新(重庆)战略性互联互通示范项目(Chongqing Connectivity Initiative, CCI)是中国与新加坡政府之间的第三个工业合作项目。①前两个项目分别是苏州工业园区(于20世纪90年代开发)和中新天津生态城项目(开发于2008年)。

中新(重庆)战略性互联互通示范项目发布于2015年，旨在联合开发重庆。第一次执行会于2016年1月顺利举行。②会议期间共签署了11项谅解备忘录，涵盖了4个优先合作的领域：金融服务、航空、交通物流，以及信息通信技术(Info-Communications Technology, ICT)。随后2016年9月，项目方宣布了进一步发展的领域，例如物流，其中包括航空、铁路、公路及航运交通网

---

① 关于该项目的其他文章，参见《海峡时报》，http://www.straitstimes.com/business/strong-potential-in-chongqing-for-new-joint-project。

② 参见新加坡贸易与工业部通讯稿，2016年1月8日，https://www.gov.sg/~/sgpcmedia/media_releases/MTI/press_release/P-20160108-2/attachment/MTI%20Press%20Release.pdf。

络。①虽然重庆已经相对比较发达，但其位置相对偏远。因此，中新（重庆）战略性互联互通示范项目希望让中国西南部的城市甚至更大范围内的城市实现更好的相互连通，并进一步便利商贸流通。

提到政策的制定，新加坡总理将中新（重庆）战略性互联互通示范项目视为中国尝试“新政策或发展战略新重点”的“试验田”。②这些新的政策或指南一旦在中新（重庆）战略性互联互通示范项目中试验成功，便有可能在中国发展“一带一路”区域贸易与投资的过程中不断复制并扩大使用范围。

由于这些项目是发展“一带一路”倡议的原型，从细节上讨论这些计划是十分有意义的，因为这些相关项目的概要可以反映“一带一路”倡议的最终目标。

新加坡贸工部的报道展示了各国对此项目的持续推进，内容如下：

> 新加坡总理署部长陈振声于 2016 年 1 月 8 日结束了对重庆有关进一步实施中新（重庆）战略性互联互通示范项目（CCI）讨论的访问。这是在中国国家主席习近平 2015 年 11 月访问新加坡期间签署第三个政府间合作项目之后，新加坡与重庆之间的首次高层会议。③

在这次访问期间，双方就该多层次合作签署了备忘录。这些合作涉及四个核心领域的多个部门，包括金融服务、航天、交通物流和信息通信技术。特别指出，“一带一路”倡议涉及的第六个备忘录④强调了重庆作为“丝绸之路经济带”与“21 世纪海上丝绸之路”双区域核心的潜在作用。该备忘录阐述了以下相关目标：

> 双方旨在加强实施“一带一路”国家战略和在建设长江经济带的多政府战略方面加强合作，以大力促进重庆作为丝绸之路经济带、长江上下游及 21 世纪海上丝绸之路的多区域核心的重要战略支柱作用。

为了说明合作的广度，下面将重现这篇报道的核心段落（请参考本文附录

---

① 参见《海峡时报》，http://www. straitstimes. com/singapore/spore-to-work-with-chongqing-to-boost-logistics-transport。

② 参见 http://www. channelnewsasia. comnewssingapore/chongqing-connectivity-initiative-can-be-testbed-for-new/3101186. html。

③ 对第一次执行会的报道参见 https://www. mti. gov. sg/NewsRoom/SiteAssets/Pages/Spore-and-Chongqing-succesfully-conclude-first-joint-implementation-committee-meeting-for-CCI/MTI%20Press%20Release. pdf。

④ 本次会议签署的备忘录及其概述可参见本文附录。

中的备忘录清单）：

> 5. 在项目仪式上，双方领导人还见证了十一个备忘录的签署。这些备忘录有助于增强新加坡与重庆之间四个重点领域的合作，分别是金融服务、航空、交通与物流，以及信息通信技术。
>
> 6. 谈及这次访问，陈部长说道：“在中新（重庆）战略性互联互通示范项目中双方都有了很大的进展。孙书记、黄市长还有我在加强重庆互联互通的共同愿景下，对各种潜在的合作进行了讨论并达成了共识。这些讨论的强劲势头展现出新加坡与重庆长期双赢伙伴关系的良好开端。”
>
> 7. 此次新加坡代表团还包括通信及新闻部兼卫生部政务部长徐芳达、新加坡贸工与国家发展部部长许宝琨博士，以及来自贸工部、外交部、交通部、新加坡民用航空局、新加坡信息通信发展局和新加坡国际企业与金融管理局的多位高级官员。

此处重复该报道是为了说明在这个集成供应链和跨境贸易不断增加的时代下，“互联互通”的重要意义。正如上文所述，对新加坡和中国的相关发展进行观察具有一定的现实意义。

在2016年9月二十国集团（G20）峰会期间，习近平主席表示，中方十分赞赏新加坡在发展“一带一路”项目中的热情，希望让中新（重庆）战略性互联互通示范项目成为双边合作的新亮点。习近平主席进一步表示，应该提升苏州工业园区和中新天津生态城项目的质量标准，同时，新加坡可在加强中国自由贸易区（保税区）发展方面发挥有益的作用。① 2016年，中国新设立7个保税区，总数达到了11个；除重庆之外，其他6个分别在辽宁、浙江、河南、湖北、四川和陕西。②而第一批保税区仅1个，于2013年在上海建立，用于经济改革试验（如放宽对外投资规则）。第二批保税区于2014年末在福建、广东两省和天津市建立。

习近平主席表示需进一步深化合作，涉及金融、网络空间、信息和通信技术（ICT）、社会治理、法律和秩序、反恐以及反腐败等领域。

在2015年11月，习主席访问新加坡期间，双方就推进中新自由贸易协定

---

① 参见 http://www.iesingapore.gov.sg/Media-Centre/News/2016/9/PM-meets-Xi-Jinping-on-sidelines-of-G-20-meeting and http://www.fmprc.gov.cn/mfa_eng/zxxx_662805/t1395042.shtml。

② 参见相关报道 http://www.chinadaily.com.cn/china/2016-09/01/content_26662637.htm。

的升级达成一致意见，在此之后双方政府官员一直在不断努力推进升级工作。[①]中新自由贸易协定于2008年10月签署，并于2009年1月生效，是中国与亚洲国家签署的第一个全面双边自由贸易协定。双方领导层的目标是在2016年前结束谈判。两国领导人对CCI的良好进展十分满意，特别是金融服务和航空互联互通领域。[②]据报道，2015年11月到2016年7月共9个月期间，双方基于自由贸易协定签订了超过60亿美元的协议。[③]

此外，“数字高速公路”能够为新加坡和重庆之间提供高速连接，帮助重庆建立信息通信技术基础设施建设，并进一步发展新型的数字和分享经济。[④]

2.《东盟互联互通总体规划2025》

随着2015年12月东盟经济共同体的建立，东盟成员国开启了推进该地区内互联互通项目启动的新篇章。2016年9月制定了《东盟互联互通总体规划2025》，其中设定了未来10年的具体连接目标[⑤]，旨在从物质、机构和人员三个层面解决互联互通问题。

《东盟互联互通总体规划2025》针对互联互通发展的新阶段提出了以下关键领域：

(1)可持续基础设施建设；

(2)数字创新；

(3)无缝物流；

(4)良好监管；

(5)人员流动。

---

① 参见新加坡贸易与工业部，https://www.mti.gov.sg/NewsRoom/Pages/SINGAPORE-AND-CHINA-LAUNCH-UPGRADE-NEGOTIATIONS-FOR-THE-CHINA-SINGAPORE-FREE-TRADE-AGREEMENT-AND-EMBARK-ON-THIRD-GOVERNMENT.aspx。

② 参见2016年9月1日的报道，http://www.channelnewsasia.comnewssingapore/singapore-china-very-happy-with-progress-of-chongqing/3092994.html。

③ 参见https://www.mti.gov.sg/NewsRoom/Pages/SINGAPORE-AND-CHINA-LAUNCH-UPGRADE-NEGOTIATIONS-FOR-THE-CHINA-SINGAPORE-FREE-TRADE-AGREEMENT-AND-EMBARK-ON-THIRD-GOVERNMENT.aspx，http://www.iesingapore.gov.sg/Media-CentreNews2016/9/S-pore-Chongqing-connectivity-project-making-speedy-progress-Chun-Sing。

④ 参见http://www.iesingapore.gov.sg/Media-CentreNews2016/9/S-pore-Chongqing-connectivity-project-making-speedy-progress-Chun-Sing。

⑤ 参见东盟，http://asean.org/asean/asean-connectivity/master-plan-on-asean-connectivity-2025/。

从这五个关键领域可以清楚地看出,该规划与"一带一路"倡议高度重合。其中尤其是可持续基础设施建设,这一领域被视为典型案例,一直是"一带一路"倡议中重点工作领域。

二、可持续基础设施建设

另外,作为可持续基础设施建设的一部分,《东盟互联互通总体规划2025》建立了以下战略目标:

增加各东盟成员国的公共和私人基础设施投资;

在东盟大力加强基础设施生产力最佳实践的评估和分享;

在东盟内部增加智能城市化模式的部署。

同时,这些目标也是"一带一路"倡议中的重点。

《东盟互联互通总体规划 2025》的相关性具有双重意义:强调了在区域层面"一带一路"倡议可以影响范围更广的倡议;以及因为东盟 10 个成员国在文化习俗、相关法律及政治体系上具有多样性,所以能够作为"一带一路"倡议的"微型"试验田。从某种程度来说,东盟可以看作"一带一路"倡议的缩影,其成员国有的属于民事或普通法法律体系,有的对伊斯兰法具有强烈的依赖性(如印度尼西亚和马来西亚)。在实际运用中还必须考虑到法律和当地部落习俗相融合。柬埔寨、老挝、泰国等国家中的佛教因素及其对法律的影响也不能忽视。

在发展方面,东盟既有高度发达的新加坡,又有发展中国家,如柬埔寨、缅甸和老挝,差距巨大。因此,提供能够解决这些差异的区域性政策并提供双赢的解决方案是十分重要的。"一带一路"倡议将面临桥接法律体系、适应文化、解决经济增长差距和优先事项等诸多障碍。因此,仔细研究《东盟互联互通总体规划 2025》及其框架方式对"一带一路"倡议具有一定帮助。

《东盟互联互通总体规划 2025》明确了各种形式的互联互通,可以分为物理的、机构的,以及人与人的互联互通。这些可为"一带一路"倡议的评估和分类起到借鉴作用。

在物理互联互通方面,基础设施项目建设旨在为更广泛的举措提供基础,这类项目包括东盟公路网络(旨在建立将所有东盟成员国和邻国连接起来的安全区域环境运输走廊)。东盟在这个领域取得了相当大的进展,整个地区建立了网络,旨在创造安全环保的区域环境,以连接东盟成员国与相邻的国家。东盟已在这个领域获得了重大的成果,现存的区域内二级公路的距离减少了

46.2%,从2010年的5311.2公里减少到了2015年的2454公里。[①]类似的举措也是“一带一路”倡议的重点。在美国,20世纪50年代艾森豪威尔总统建立的州际高速公路系统通常被认为为经济增长提供了重要刺激,但逐渐显现的护理和保养所需费用及升级所需要的巨大资金问题也变成了美国立法者面临的当务之急。“一带一路”沿线国家可以直面这些问题,合作并重新开发这个系统,并在前端分解成本以避免随后的短缺性问题。稳定的高速公路网络连通能够通过减少交易成本从而促进商业交流。

铁路项目也非常重要。东盟最重要的项目之一就是建设从新加坡到金边的新加坡—昆明铁路(Singapore-Kunming Rail Link,SKRL)。[②]其他相关铁路,如柬埔寨、越南、老挝等均因资金缺乏而延缓了。这可以通过“一带一路”倡议的协助及亚投行的支持,得以实现互补和互惠互利。

在此也需强调滚装船运输网络的建立,可实现优化杜迈—马六甲、勿拉湾—槟城—普吉岛,以及达沃/桑托斯将军城—比通的相关线路。[③]

发电和配电作为重点优先领域,涉及东盟电网(ASEAN Power Grid,APG)和跨东盟天然气管道(Trans-ASEAN Gas Pipeline,TAGP)下的13个双边天然气管道。[④]最新完成的沙捞越和西加里曼项目截至2016年1月20日总共生产了70兆瓦的电力。这些项目复杂程度高,但进展速度稳定。然而,今后的工作推进将取决于资源约束和监管;监管需格外注意区域协调问题。在所有领域中,东盟的经验都能为“一带一路”倡议提供启示。

最后,物理互联互通的重中之重在于信息技术和网络互联互通。2015年3月,东盟各成员国同意建立东盟宽带走廊(ASEAN Broadband Corridor)。[⑤]东盟互联网交换网络项目结束后曾发布报告,对东盟成员国互联网交换商的点对点连接状况进行了说明。其中建议部分包括鼓励更多私人运营商与东盟的同行建立跨越国界的点对点连接。网络互联互通将在东盟和更广泛的“一带一路”网络中发挥重要作用。在“一带一路”沿线国家寻求与东盟网络的类似解决方式时,可以节省时间和费用,从而在早期阶段协调这些问题。

关于物理互联互通的概念,有必要回顾并比较“一带一路”倡议中某些重

---

① 参见《东盟互联互通总体规划2025》,第19页。

② 参见《东盟互联互通总体规划2025》,第19页。

③ 参见《东盟互联互通总体规划2025》,第19页。

④ 参见《东盟互联互通总体规划2025》,第19页。

⑤ 参见《东盟互联互通总体规划2025》,第20页。

点项目。“一带一路”倡议包含大量铁路项目,涉及中亚领土,并扩展到了欧洲中部。另外,还包括沿着中国—蒙古—俄罗斯走廊的高速铁路项目和能源项目[①]、中国财团在土耳其收购的集装箱码头[②]、中国—中亚—西亚走廊的连接性,以及一大批与哈萨克斯坦、吉尔吉斯斯坦和塔吉克斯坦合作促进贸易便利化和物流的合同。前文提到贸易便利化是东盟的主要目标,此外“机构互联互通”中也将对该问题进行讨论。

东盟的发电进口促进项目以及根据 2015 年 12 月签订协议建立的金马士—新山衔接铁路路线,均旨在促进中国—中南半岛走廊,从珠江三角洲经济圈(广州、香港和深圳)到中南半岛的互联互通。[③]几乎所有东盟国家再加上东帝汶都参与了这个项目。值得注意的是,该项目与大湄公河次区域(亚投行建立并培养的经济区域)的计划进行了结合。运营和融资的协同范围效应十分明显,此类项目可以通过类似的合作方式进行执行和管理。再次指出,重点应关注计划的灵活构思并允许其根据更广泛的“一带一路”倡议的目标进行发展和演变。处于东盟国家边缘的中巴走廊交通基础设施建设,总价值 450 亿美元,对“一带一路”倡议具有重要意义。[④]此外还必须对该地区的敏感问题进行监管,因为印度曾因克什米尔争议地区而反对这条路线的建设。最后,孟加拉国—中国—印度和缅甸走廊相关的钢铁、电信和太阳能行业合作项目总计 220 亿美元,也涉及大量利益关系。[⑤]

上述有关东盟和“一带一路”项目的讨论目的在于说明这两个计划在物理互联互通方面的吻合或重叠。此外,尽管不同国家的发展重点存在差异,但东盟区域合作采用更为正式的结构也有助于实现协调决策。这里若采用重复出现的“被子”隐喻来比喻的话,如果早期有某些类似于整体设计的协议,这将有助于如今“地区覆盖”的完成。这点将与东盟的机构互联互通相关,我们将在

---

① 参见 http://www.china.org.cn/business/2016-09/17/content_39313502.htm。

② 参见 http://europe.chinadaily.com.cn/business/2015-09/17/content_21907447.htm。

③ 参见 http://usa.chinadaily.com.cn/epaper/2016-10/19/content_27110310.htm 以及 http://beltandroad.hktdc.com/en/about-the-belt-and-road-initiative/about-the-belt-and-road-initiative.aspx。

④ 例如,参见报道 http://asia.nikkei.com/Politics-Economy/International-Relations/Pakistan-set-to-build-economic-corridor。

⑤ 参见 Norton Rose Fulbright,《“一带一路”倡议——现代丝绸之路》,2016 年 5 月,http://www.nortonrosefulbright.com/knowledge/publications/139223/the-belt-road-initiative-a-modern-day-silk-road。

下文讨论。

三、机构互联互通

机构的互联互通容易受到不同解释和定义的影响。一个机构有"砖头与水泥"的实体结构，但如同美国前副国务卿肯尼斯·达姆(Kenneth Dam)指出的那样，机构还会有"游戏规则"，适用于国家和跨国家的法律体系的运作和集成。①在这一方面，东盟一体化过程中和"一带一路"倡议中的关键制度之一就是贸易便利化。对东盟而言，这就意味着要建立东盟货物运输便利框架协议、东盟跨境运输便利框架以及东盟多式联运框架。东盟正在推进这些协议和相关协议，旨在建立功能完备的单一市场。"一带一路"倡议将削减繁文缛节并降低运输货物的交易成本，这对"一带一路"沿线国家了解东盟内部措施来说至关重要。东盟成员国迥异的利益关系开始融合成单一的东盟结合体；这能够使"一带一路"倡议更有针对性地调整工作力度，实现无缝连接。在某种程度上，为东盟开发一个"万能钥匙"更为容易，因为后者对各地区采取统一方案而不是对成员国进行单独解决。如果"一带一路"倡议可以参与这些工作，那么就算只是进行观察也可推进未来的整合。

东盟的贸易便利化措施同时也反映在 2015 年东盟商务与投资峰会上推出的"投资服务贸易解决方案"（ASEAN Solutions for Investments and the Services and Trade，ASSIST）和东盟贸易库（ASEAN Trade Repository，ATR）项目中。②东盟于 2015 年起开始采用《标准、技术法规和合格评定程序的政策指导方针》和《东盟认证和整合指南》。③ 2016 年 3 月，印尼和新加坡通过《交换东盟商品贸易协定》相关的生活电子数据进一步建立了突破性的合作形式——利用东盟单一窗口（ASEAN Single Window，ASW），即利于合作便

① Kenneth Dam，The Law-Growth Nexus-The Rule of Law and Economic Development. Washington：Brookings Institution Press，2006.

② 参见 http://assist. asean. org/及 http://atr. asean. org/links/search/。

③ 参见，http://asean. org/wp-content/uploads/images/2012/Economic/sectoral _ aem/standards _ conformance/ASEAN% 20Policy% 20Guideline% 20on% 20Standards% 20and% 20Conformance. pdf 及 http://asean. org/wp-content/uploads/images-July/ASEAN_Guidelines _ for _ Accreditation _ and _ Conformity _ Assessment/ASEAN% 20Guidelines% 20for% 20Accreditation%20and%20Conformity%20%20Final. pdf。

利化的授权基础设施。[①]从微观角度而言，这种交流方式可能预示着东盟内部或外部未来及其更广泛形式的合作模式。[②]东盟单一窗口平台将在后续部分中进行详细讨论。

四、数字创新

1. 电子商务在“一带一路”倡议和东盟中的作用

“一带一路”倡议通常涉及物质性基础设施建设的相关问题。土地互联互通和港口设施的发展在“一带一路”倡议中处于优先发展地位，但并不能仅从真实而非虚拟的条款中对“一带一路”倡议进行构思。电子商务及其机制可促进土地互联互通及港口建设，并将成为发展无缝市场不可或缺的部分。这种设想具有多种理念阐释，例如20世纪90年代“. com”的兴起也引起了不同的声音。然而，“一带一路”倡议要在两个重要方面进行更具体的思考：一是明确可行的电子商务模式；二是分享相关的专业知识，从而确保可行平台的传播。考虑到“一带一路”倡议与东盟的关系，印尼政府于2016年9月提名阿里巴巴的马云先生作为印尼电子商务发展指导委员会战略顾问。[③]印尼通信和信息技术部长鲁迪安塔拉（Rudiantara）强调，获得“亚洲首富”的支持能够优化印尼在全球范围内的电子商务能力，并认为引进领域内专家能够推动印尼在电子商务领域与现实世界的关系和公共关系的工作。从“一带一路”倡议的角度来看，通过境外专家而获取的实际收益正是“一带一路”倡议理念的核心。与此同时，“一带一路”倡议重点关注利用国际专家的专业知识来提升其运营的标准，实现参与方的目标。“一带一路”倡议不仅仅是区域组织，更应该被描述为一个面向实际效率、增加合作经济的共同利益群体。

鲁迪安塔拉部长陪同印尼总统佐科·维多多（Joko Widodo）和投资协调

---

① 参见 http://www.wcoomd.org/en/topics/origin/instrument-and-tools/comparative-study-on-preferential-rules-of-origin/specific-agreements/agreement-texts/poo-text-atiga.aspx?p=1 asw.asean.org/。

② 参见 http://economists-pick-research.hktdc.com/business-news/article/Regulatory-Alert-China/China-Launches-Belt-and-Road-Initiative/bacn/en/1/1X000000/1X0A1YZ7.htm 及 https://tax.thomsonreuters.comblogonesource/china-customs-force-one-belt-one-road-development/。

③ 参见《雅加达邮报》，2016年9月4日，http://www.thejakartapost.com/news/2016/09/04/jack-ma-proposed-as-adviser-for-indonesian-e-commerce-development.html, and Wall Street Journal，9 September 2016，at http://www.wsj.com/articles/alibabas-jack-ma-to-give-indonesia-tech-support-1473422189。

主席托马斯·伦邦(Thomas Lembong)作为官方代表团成员参观了中国杭州。曾有人指出马云以10亿美元收购来赞达购物平台(Lazada)后已经成为印尼最大的投资者之一。印尼与阿里巴巴通过Inamal(印尼产品的商务平台)进行合作,同时也强调了其与阿里巴巴、天猫的对接。[①]随着阿里巴巴作为行业领导者和创新者的地位不断加强,对接的复杂性也在不断变动,但可以确定的是,阿里巴巴所拥有的全球电子商务专业资源可以极大地刺激东盟的贸易发展速度,也可以为所有利益相关方带来好处。这种合作强调了电子商务基础设施和相关功能可以通过早期有针对性的联系进行优化。此外,东盟和"一带一路"倡议都十分重视人文交流,这个主题将在本章稍后进行讨论。马云作为战略顾问与印尼政府的合作,体现了针对性互利交流的重要性。[②]

2.数字清关

在数字和网络的合作领域,前文提到的东盟单一窗口项目能够成为突破性的举措,并及时扩展到"一带一路"国家。东盟单一窗口[③]是一项革命性的举措,旨在将各成员国的单一窗口连接起来。本文将东盟单一窗口理解为一站式清关——该项目将清关所需的文档进行标准化。实行东盟单一窗口确保了各成员国国家单一窗口与国际开放通信标准的兼容性,并确保了各成员国可以与使用国际开放标准的贸易伙伴进行安全可靠的数据交换。更简单迅速地处理流程和更透明地进行贸易——这是东盟单一窗口项目的主要目标。

目前东盟单一窗口作为七个成员国之间的先导或试验基础,为东盟内部的交换提供了原产地证书(ATIGA Form D)和东盟报关文件(ACDD),同时也为其他类型的数据交换扩大了支持。值得注意的是,东盟单一窗口使用了国际可操作性标准,从而能够支持来源证书的交换并和非东盟贸易伙伴的交易中推进货物信息。[④]因此,东盟单一窗口与"一带一路"沿线国家在贸易方面提升的效果十分明显,同时对于东盟本身,东盟单一窗口可进一步推动区域政策的协调工作。

《建立和实施东盟单一窗口的协定》第1(1)(b)条和第1(3)条对这项突破

---

① 参见《雅加达邮报》,2016年9月4日,http://www.thejakartapost.comnews2016/09/04/jack-ma-proposed-as-adviser-for-indonesian-e-commerce-development.html。

② 参见《雅加达邮报》,2016年9月4日,http://www.thejakartapost.comnews2016/09/04/jack-ma-proposed-as-adviser-for-indonesian-e-commerce-development.html。

③ 参见东盟,http://asw.asean.org/。

④ 参见东盟,http://asw.asean.org/。

性举措的实践范围和相关计划进行了阐述：①

(b)国家单一窗口(以下简称“NSW”)是一个能够实现以下内容的系统：

(i)数据和信息的单一提交；

(ii)数据和信息的单一同步处理流程；

(iii)货物海关放行和清关的单一决策。单一决策可统一解释为由海关进行的货物放行单一决策，如果需要的话由相关部门和机构进行决策并与海关及时沟通。

……

(3)ASW与NSW实施技术指导对东盟单一窗口有效实施的相关国际公认标准、流程、文件、术语表、技术细节和手续等内容进行了整理，便于成员国使用，为成员国实现定期审查和更新，以及新技术和发展提供了必要的技术指导……

在制度方面，东盟单一窗口的开发由东盟单一窗口指导委员会进行管理，并由技术和法律工作小组提供支持，主要用于开发技术及法律架构。从东盟单一窗口的数据交换架构开始，与私营企业的磋商也包括其他互补性举措，例如东盟单一窗口的可持续性研究。这些研究可为治理、商业模式、财务可行性提供建议。

3.无缝物流

东盟的无缝物流发展可在“一带一路”倡议中找到对应的内容。正如《推动共建丝绸之路经济带和21世纪海上丝绸之路的愿景与行动》中所述，高效的物流连接也正是计划的一部分。例如，开放中国内部及特定城市联系的目标是“面向中部、南部和西部亚洲国家，发展工业和文化交流的战略通道、贸易和物流中心及重点开放基地”。②“一带一路”倡议还设想在沿线地区包括中亚城市建立物流中心。改善“一带一路”沿线，如港口和清关设施、系统等基础设施无疑会有利于提升物流连接，从而与东盟地区的工作相呼应。

4.良好监管

良好监管是东盟持续高度关注的另一领域，也是《东盟互联互通总体规划

① 参见 asean.org/wp-content/uploads/images/archive/23084.pdf。

② 上文中提到的中新(重庆)战略性互联互通示范项目同样有助于发展中国的物流能力。

2025》中的核心特征。此问题直接影响了全球供应链的效率和迅速无缝运输产品的能力;从更宏观的层面上来说,“一带一路”沿线国家也将面临类似问题。东盟的重点在于开发有效制度以支持区域内监管机制改革的需求。这些宏伟的目标目前也许不在“一带一路”沿线国家的考虑范围之内,因为在东盟有限的成员国中也存在理论和实践之间的差距。但是,承诺“优秀监管实践”(Good Regulatory Practice,GRP)已经成为东盟在这个领域的指导目标之一,并会利于未来“一带一路”倡议的发展。监管领域与其他领域一样,不论是东盟成员国还是“一带一路”沿线国家都必须重点强调“可能性”,即必须采取渐进主义的心态,实现适当的监管架构,并进行一砖一瓦的建设。宏伟计划能够帮助构造并设计这些工作,而这样的激励方法也可被“一带一路”倡议采纳。

关键问题是在降低交易成本和扩大贸易规模的情况下,利用这些举措实现经济效益。这样的客观基准在东盟内部很重要,在“一带一路”国家中则更为重要,因为不同成员之间的“观察词”(watch word)是运作效率,而不是任何以共享法律身份或忠诚为核心的附属关系。在这方面,“一带一路”形成了典型的现代化分组,通过借鉴国际共性来促进整体福利,同时还包含了威斯特伐利亚体系中的国家主权尊重要素,与公共利益相结合,通过协调一致的举措来改善公共福利。这种方法非常适应主流的全球时代精神,在重申国家认同和寻求集体解决办法的差异和汇聚力量之间摇摆。如果说欧盟受到过多一体化的影响,东盟占据中间地带,那么“一带一路”倡议可以被视为适应这个愈加互联且持续异质世界的第三个集合体。各种监管融合和“无摩擦”市场问题为新的集合体提供了实用且重要的测试用例,且注重愈加松散却有引导的合作模式。东盟在这个领域进行的实验能够帮助“一带一路”倡议的持续演进。

对东盟来说,《东盟互联互通总体规划 2025》指出了随着关税的持续下降,标准一致性、技术法规连同其他的非关税贸易壁垒一直是区域实现高效“单一”市场的持久障碍。这些运营问题及其解决方案似乎与“一带一路”倡议的执行重点相当契合。

5.人员流动性

这个问题在马云先生向印尼电子商务项目传授其专业知识的过程中进行了公开的讨论。问题很明显,无论其天赋如何,“人与人”的交流不仅是个人的问题,而且需要利用国家及跨境的人力资本延伸到更广泛的范围。这个问题会因为愈加敏感的移民问题和国家维护本国公民福利的愿望而变得愈加复杂,而其他问题或许都无法更加明显地展现出离心力和向心力的作用。如何才能跨境利用人力资本以提升公共福利呢?

这项政策具有可持续性,其源头或许始于促进东盟实现更深层次的跨文化发展。对于东盟来说,2012 年印发的《东盟课程资料大全》(小学和中学)已经实现了这一点。[①]这些倡议与东盟虚拟学习资源中心(ASEAN Virtual Learning Resource Centre)进行互补,重点关注人民、新闻、文化、旅游研究以及各成员国之间的跨境教育机会。这些倡议显然更适合正式的团队工作,如东盟计划在其公民中推行"proto-ASEAN"身份,从而形成一个松散且异质的国际群体,例如"一带一路"倡议。然而,这些行动的指导精神或许可以拓展到更广泛的"一带一路"倡议的环境中,在一定程度上注重相互依存和互联互通的特定概念,并关注跨境"差异性" 的合理减少。

东盟大学网络一直是促进区域内交流与理解的另一个手段,虽然因为课程和标准的差异、有限资金和语言差异形成了一些限制。再次指出,"一带一路"倡议应该寻求促进宗族和非宗族国家之间的交流,为即将到来的时代"铺路"。关于跨国商务的法律角度,新加坡最高法院首席大法官梅达顺(Sundaresh Menon)表示,对律师界跨国问题的忽视导致人们故意对现实视而不见[②]:

> 从业人员、法官和学者只关注国内法律的行为都可算作是故意的视而不见。几乎没有多少法律实务领域能够避免外国法律、外国律师或外国客户,并且这些领域还在不断萎缩。对于绝大多数人来说,这一经济领域已经转向了高价值的商业和企业工作。大多数情况下,这些工作都具有国际意义。……律师和律师事务所现在必须更灵活、更国际化才能保持与商业的关联性。

这种观点同样适用于下一代商业领袖。区域敏感性正逐渐成为成功的必备条件。在新加坡,资深学者、外交官马凯硕先生(Kishore Mahbubani)哀叹新加坡居民缺乏东盟意识,尤其是对新加坡的贸易关系和面向地区及面向全球的经济情况的认识不足。[③] 在"一带一路"沿线国家有着类似但不完全相同

---

① 《东盟互联互通总体规划 2025》,第 21 页。

② "Judicial Perspectives on the Rule of Law and Development",Rule of Law (Importance of the Rule of Law in Promoting Development) Symposium,Singapore,2014,167,http://www.biicl.org/documents/654_the_importance_of_the_rule_of_law_in_promoting_development.pdf?showdocument=1。

③ Chan Yi Wen, ASEAN Economic Community Raring to Go, Business Times, 16 February 2015. 参见 https://www.business.asiaone.com.

的情况，所以如果想要充分发挥倡议的潜力，公民都应该建立相互之间的互联互通。如果不存在公民身份，那么也无法实现其他内容。可见，“一带一路”倡议的理念一直存在，而东盟本身在以较小的规模推进自己的项目。而且，东盟宽松的组织形式为培养民族认同感和实现经济共同发展所需的心态提供了可能性。

回到本节开头，劳动力的流动仍然是一个重要且困难的问题。东盟内部在2005年至2014年间共签订了七个共识性协议，覆盖了工程服务、护理、建筑服务、旅游、医疗从业者、牙科医生和会计师等方面。然而，差距依然存在，签证要求和其他技术标准也在不断变化。目前为止，有关允许东盟成员国认证的专业人才在另一成员国进行专业工作的国家法律法规尚未完全敲定。

这样考虑虽然适合更严格的区域分组，如欧盟和东盟，但也会为“一带一路”沿线国家提供启示。大型基础设施项目需要熟练工人进行项目设计和建造。作为“建立运作及转型项目”和其他类似工作的一部分，熟练的技术人员还需要管理和执行这些项目。随着“一带一路”倡议的逐渐成形，参与这一前所未有行动的国家都应该反思，如何通过“一带一路”倡议在不影响成员国内部体系平衡的前提下推动人员的流动。如上所述，在已完成工业化和正在进行工业化的国家中，移民和经济等问题都较为突出。随着“一带一路”沿线国家着手进行前所未有的冒险，这些国家理应反思实现“一带一路”的经济目标所需的移民政策。

结　论

本文最重要的目的在于说明东盟的相关经验，以及东盟成员国可以作为“一带一路”倡议的“模范”及合作伙伴。东盟与中国、印度和日本的邻近关系使其在消费、技术以及数字化的全球趋势中获益。而对于数字化趋势，东盟的数字化带宽使用自2005年以来增长了45倍。重点是，东盟从中获益的同时促进了经济发展，而这个方式也引导和支持着“一带一路”倡议。

至于“一带一路”构建区域基础设施所需要的巨额资本，东盟本身也是潜在的区域性金融中心，能够支持“一带一路”倡议的融资平台包括亚洲债券基金、东盟基础设施基金、中国赞助的亚投行、新开发银行和拓展的优质基础设施等。尽管有了这些平台，东盟对资金的需求仍然十分庞大，这也使得发展“公私合作伙伴关系”具有了必要性。金融中心，如新加坡，会在构建新的金融框架中发挥一定作用，这也将帮助东盟和“一带一路”倡议走向成功。

最后，东盟率先采用了松散集成的理念用来促进和实现共同的经济目标。本文主要强调东盟的举措及其与未来“一带一路”倡议的相关性。与东盟向欧盟寻求参考不同，此次东盟可为“一带一路”倡议提供“区域内”案例，并将参与到这个独一无二的集成形式之中——作为有助于整体发展的区域性案例，东盟这一独特形态可反映出亚洲的价值观和经验，并将在此塑形发展的时刻进一步繁荣“一带一路”倡议。本文希望可从微观和宏观视角展示东盟的发展历史、现有状态和未来规划，进而从理论和实践两个角度引入“一带一路”倡议。

因此，东盟经验和现状对于“一带一路”发展前景具有重要意义——东盟的组织经验作为发展基准具有参考意义，同时东盟成员国积极参与践行“一带一路”倡议这一新的一体化运行方式，而法律将主要为商业服务。“一带一路”的路线图还需要规划，但东盟及其成员国至少能够提供一些可用的选择和启示。

附　录　中新(重庆)战略性互联互通示范项目双边备忘录清单

一、金融服务

编号	备忘录名称	概　述
1	重庆市人民政府、中国工商银行股份有限公司(简称中国工商银行)与星展银行,签署三方战略合作备忘录	重庆市人民政府将推进政策创新、运营模式创新、促进贸易和投资便利化,以促进“合作项目”持续健康发展。中国工商银行和星展银行则将为中新政府间合作项目建设和产业发展提供优质、优化的金融服务和支持。三方将在相关法律、法规允许的前提下,实现相关信息资源共享,相关业务互促,以此联合推动“政、银、企”对接,大力提升对广大企业的服务水平、加快推动合作项目的产业升级发展,以及向新加坡和中国企业推介投资机会,促成双方的产业合作,协助进行招商引资
2	重庆市人民政府、中国建设银行股份有限公司(简称中国建设银行)与星展银行,签署三方战略合作备忘录	三方拟共同建立市场化运作的长效机制,通过规范的制度安排,加强合作,其中中国建设银行与星展银行将为中新两国区域经济建设提供金融服务,实现中新合作快速发展,以及加大金融创新合作,利用各自专业优势,创新服务模式和融资渠道,促进双方企业的国际化发展,推动辐射东南亚和“一带一路”基础设施融资服务平台的建设

续表

编号	备忘录名称	概　述
3	重庆两江新区管理委员会与星展银行(中国)签署双方战略合作备忘录	两江新区管理委员会将尽力促成其下属企业及区内其他企业优先选择星展银行为金融业务的主办银行，双方也将携手创新和开发新的金融产品
4	重庆渝富集团与星展银行(中国)签署双方战略合作备忘录	重庆渝富集团将优先选择星展银行为其金融业务的主办银行之一，星展银行则将提供优质、高效、优惠和个性化的金融服务支持。双方也将在金融新产品开发方面加强合作
5	重庆市金融工作办公室和华侨银行有限公司合作项目合作备忘录	1. 重庆市金融工作办公室愿与华侨银行建立战略性合作伙伴关系并加深金融领域的合作； 2. 作为一家新加坡本土银行，华侨银行愿意帮助重庆企业从新加坡借款； 3. 作为东南亚第二大金融服务集团，凭借华侨银行的强大网络，可以帮助重庆企业在新加坡发行债券； 4. 进一步深化华侨银行与重庆本地金融机构的合作关系
6	重庆市金融工作办公室与大华银行(中国)有限公司关于加强投资促进合作的备忘录	为贯彻落实国家“一带一路”倡议和市政府建设长江经济带战略，强力推进重庆作为丝绸之路经济带、长江经济带的西部中心枢纽、海上丝绸之路的重要战略支点，促进“中新经济走廊”建设，双方就进一步加强合作达成的备忘录
7		多个中新两国金融机构跨境金融服务合作意向 新加坡签署者： 星展银行 中国工商银行新加坡分行 中国建设银行新加坡分行 中国银行新加坡分行等 中国签署者： 中金公司 中国工商银行重庆市分行 中国银行总行 中国银行重庆市分行 中国建设银行重庆市分行 中信银行总行 浦发银行重庆分行

二、航空领域

编号	备忘录名称	概　述
1	中国西部航线与新加坡紧密合作备忘录	新加坡樟宜机场、重庆机场集团、胜安航空、中国航空、西部航空、重庆航空签署六方战略合作备忘录，旨在促进中国西部地区和新加坡之间的航班航线发展。互联互通合作备忘录的主要合作内容包括： 1.设立重庆—新加坡航线； 2.增加经停重庆至中国西部城市以及经停新加坡至东南亚、西南太平洋地区的中转客流量； 3.于中国和新加坡举办目的地宣传以及航线推广活动。 樟宜机场集团和重庆机场集团也会携手为中国西部地区至新加坡、东南亚以及西南太平洋地区的航空货运发展给予宣传和支持
2	重庆机场集团有限公司与新加坡樟宜国际机场有限公司关于合资组建机场商业管理公司备忘录	为加强重庆江北国际机场的非航空性业务管理，提高非航收入和服务质量，并改善重庆机场的财务状况，重庆机场集团有限公司和新加坡樟宜机场管理投资有限公司经过磋商，就合资组建机场商业管理公司达成了初步意向。合资公司由双方组建，重庆机场集团有限公司控股。合资公司将管理重庆机场所有航站楼及交通中心(现有和未来所建)的非航空性业务，包括但不限于零售(含免税)、餐饮、贵宾、广告、停车场、休闲服务等

三、信息通信技术、运输和物流

编号	备忘录名称	概　述
1	重庆保税港区开发管理有限公司与新加坡劲升逻辑有限公司合作备忘录	新加坡劲升逻辑有限公司将为重庆保税港区在口岸、物流、电子商务等信息化领域的业务整合方案提供咨询，以逐步推进“单一窗口”信息化建设
2	关于成立“渝中区中新合作项目促进中心”的合作备忘录	渝中区政府与重庆凯德古渝雄关置业有限公司共同成立“渝中区中新合作项目促进中心”，落户重庆来福士广场项目，大力引进金融服务、信息通信技术、教育文化、健康医疗、商贸物流、商务服务等领域的世界500强、国内及国际优质企业等，共同打造中新第三次政府间合作服务业项目承接地

译者：韩雨杉
葡萄牙Qualive地产创始人
毕业于纽约大学